Grundlagen für Ihren Outdoorulaub
Kompaktes Wissen über Survival und wie Sie outdoor in der freien Natur überleben.

Ob Sie Probleme bewältigen und Hindernisse überwinden können hängt allein von Ihrer Psyche ab.

Carsten Richter

Grundlagen für Ihren Outdoorulaub
Kompaktes Wissen über Survival und wie Sie outdoor in der freien Natur überleben.

Es ist wichtiger alle Dinge etwas zu beherrschen, als wenige Dinge besonders gut.

Carsten Richter

Die Deutsche Nationalbibliothek verzeichnet diese Publikation in der Deutschen Nationalbibliografie; detaillierte bibliografische Daten sind im Internet über http://dnb.dnb.de abrufbar.

© 2014 Carsten Richter

Illustration: Carsten Richter

Herstellung und Verlag: BoD – Books on Demand, Norderstedt

ISBN: 9783734734205

Inhaltsverzeichnis:

Vorwort

1. Kleidung
1.1. Standardkleidung
1.2. Schutzkleidung
1.3. Schuhe
1.4. Übernachten

2. Ausrüstung (Standard)
2.1. Rucksack
2.2. Schlafsack/Isomatte
2.3. Zelt und Tarp
2.4. technische Hilfsmittel
2.5. Messer
2.6. Hygiene
2.7. Lektüre (Informationen und Karten)
2.8. Ersatz/Reparatur
2.9. Erste Hilfe

3. Ausrüstung (Verpflegung)
3.1. Bushbox, Kocher, Outdoorkocher
3.2. Besteck, Töpfe, Tasse
3.3. Wassertransport und -aufbereitung

4. Verstauen und Verpacken

4. physische Vorbereitung
4.1. Ernährung
4.2. Training
4.3. Belastbarkeit

5. psychische Vorbereitung
5.1. Ernährung
5.2. Grenzen überschreiten
5.3. Selbstvertrauen und Wissen
5.4. Allein sein

6. Wichtige Hinweise für die Vorbereitung

Vorwort

Ein Abenteuer fernab unserer Zivilisation und unserem Alltag erleben. Dies sind die Intentionen, welche viele Menschen für Outdoor- und Survivalurlaube begeistern. Immer mehr Leute zieht es zu solchen Erfahrungen. Die Gründe hierbei sind ganz unterschiedlich. Was der Auslöser für derartige Vorhaben ist spielt im Grunde auch keine besondere Rolle. Das Ziel bleibt gleich. Einfach auf sich allein gestellt sein, die eigenen Fähigkeiten austesten und wenn möglich auch zu erweitern. Ein Abenteuer erleben, welches den Mensch mit Stolz und Zuversicht erfüllt. Mit den eigenen Fähigkeiten und Kräften etwas leisten, was man sich vorher nicht wirklich zugetraut hätte. Einfach etwas tun, was besonders ist und eben nicht in den Alltag passt. Ausbrechen und neue Erlebnisse schaffen. Das sind die Erwartungen, welche der Abenteurer an ein solches Vorhaben stellt. Was auch immer die Ursache oder der Auslöser für das Erwachen dieser Vorstellungen ist, muss jeder für sich individuell entscheiden.
In meinem Buch „Tagebuch: allein in der Natur" habe ich über meinen eigenen Urlaub ausführlich berichtet. Zusammengefasst handelt es sich um einen 2-wöchigen Trip allein in der Natur. Nur mit Zelt, meiner Ausrüstung, meiner Erfahrung und angelesenem Wissen über die Möglichkeiten mich aus der Natur zu ernähren. Bereits im Vorfeld bemerkte ich wie viele Menschen dies auch gern machen würden, sich aber nicht zutrauen. Warum eigentlich nicht? Das fragte ich mich immer wieder. Die Gründe waren und sind sehr verschieden. Da sind an erster Stelle die Ängste der Leute. Allein ohne Zivilisation. Was ist wenn etwas passiert? Wie soll ich nachts ruhig schlafen? Was ist wenn ich krank werde? Und eben andere derartige Bedenken. Ein anderer Grund ist das Misstrauen auf das eigene Wissen. Was soll ich da essen? Wie schütze ich mich vor Parasiten? Wie orientiere ich mich? Was mach ich bei schlechtem Wetter? Um nur ein paar Einwände zu

nennen. Auch ein Grund ist die fehlende körperliche Leistungsfähigkeit. Ich kann doch nicht so einen schweren Rucksack tragen! An solche Strapazen ist mein Körper nicht gewöhnt! Dafür fehlt mir die Ausdauer!
Diese Einwände hatten alle irgendwie ihre Berechtigung. Und in jedem Moment fragte ich mich: „Warum stecken alle Ihre Grenzen ab, bevor sie diese erreicht haben? Warum beschränken die Leute ihre Fähigkeiten, ohne auch nur ansatzweise die Möglichkeiten eben dieser Fähigkeiten auszutesten? Im Erfinden von Ausreden sind wir Menschen recht kreativ. Sei es das leidige Thema des Abnehmens, des Nichtrauchens, des Abschaltens von der Arbeit oder was auch immer. Wir finden schnell Gründe etwas nicht zu tun. Und diese Fähigkeit steckt vielen Menschen einen sehr engen Horizont für neue Erfahrungen, Erlebnisse und Möglichkeiten. Mittlerweile gibt es eine Antwort, welche ich ruhigen Gewissens auf alle Bedenken geben kann: „Du wirst dich anpassen.". Was unser Körper zu leisten vermag, können viele nicht einmal erahnen. Wie unsere Psyche auf Extremsituationen reagiert, darüber spekuliert ein Großteil der Menschen bestenfalls. Tatsache ist aber, dass das Erleben dieser Anpassung, dieser großen Erweiterung der eigenen Fähigkeiten eine Erfahrung ist, die kein Geld der Welt aufwiegen kann. Es ist etwas Besonderes, was immer ein präsenter Teil im Leben sein wird.
Die eigene Anpassung kann vorab etwas konditioniert werden. Und das ist auch wichtig. Ein wenig Vorbereitung auf ein solches Vorhaben ist unumgänglich. Wenn der Unerfahrene nun nach Literatur stöbert, wird er überwältigt von einer enormen Menge an Büchern. Dies erweckt den Eindruck, dass ein unglaubliches Fachwissen von Nöten ist, um ein derartiges Abenteuer erfolgreich zu bestehen. Die Folge daraus ist nicht selten Resignation.
Auch ich stand vor diesem Problem, welches Buch nun das Richtige ist. Welches Buch über Pflanzenkunde und Tiernahrung

den sinnvollsten Überblick verschafft. Welche Überlebensstrategien in misslichen Lagen am effektivsten sind. Nach einer Weile sagte ich mir: „Ach! Mach jetzt einfach. Irgendwie kriegst du das hin.". Es ist nicht nötig alle Pflanzen zu kennen. Es ist nicht nötig sämtliche Tierarten zu bestimmen. Erst recht ist Wissen über Selbstverteidigung oder der Umgang mit Wildtieren unnötig. Für den Laien ist es wichtig das Nötigste zum Überleben zu verstehen und Vertrauen auf den eigenen gesunden Menschenverstand zu haben. Der Rest kommt mit der Erfahrung.
In meinem Tagebuch habe ich primär auf die Erfahrungen verwiesen, welche als Orientierung für den Leser dienen sollen. Was erwartet mich? Worauf muss ich mich vorbereiten? Wie organisiere ich mich? Aufgrund vermehrter Nachfrage zur Vorbereitung und zur Literatur habe ich dieses Buch geschrieben. Damit der Leser eine ganz konkrete Orientierung hat was wirklich wichtig ist und wie man am einfachsten diese wichtigen Fakten behandelt. Sie erhalten wertvolle Tipps zur Ausrüstung und Informationen zur Nahrungsbeschaffung. Alle Hinweise sind dabei auf das Wesentliche reduziert. Es bringt nichts, wenn Sie umfangreiches Wissen über Pflanzen haben, es aber nicht schaffen von einem Ziel zum anderen zu navigieren.
Wenn Sie alleine in der Natur sind und dort ein Ziel verfolgen, dann sind Sie für alles verantwortlich. Das muss Ihnen klar sein. Die Beschaffung von Nahrung ist nur ein Punkt von vielen anderen. Sie müssen zudem alles selber schleppen. Orientieren gehört dazu. Zeltaufbau sowie das Finden eines geeigneten Platzes sind ein Bestandteil. Außerdem muss die Versorgung mit Wasser gewährleistet sein. Die Ausrüstung müssen Sie instandsetzen. Das Wetter behalten Sie im Auge. Beim Aufbau und Abbau des Lagers hilft Ihnen niemand. Holz und Feuer zur Zubereitung der Nahrung liegt in Ihrer Obhut. Und bei Bedarf auch die medizinische Versorgung. Und das alles bei Anstrengung, mangelhaftem Schlaf und jeder Witterung. Sie sehen also, es

bringt nichts ein Experte auf einem Gebiet zu sein. Wichtiger ist Grundwissen aus ganz verschiedenen Themenbereichen. Darauf müssen Sie sich vorbereiten. Dieses Buch dient ausschließlich dieser Vorbereitung. Bei meiner ersten Tour dachte ich, dass es am wichtigsten ist viele Pflanzen zu kennen. Im Nachhinein war das Lesen von 3 dicken Büchern über essbare Wildpflanzen vollkommen überzogen. Ich hätte stattdessen mehr auf die Fähigkeit richtige Lagerplätze zu finden legen sollen. Das war natürlich kein grober Fehler der Vorbereitung, aber eben nicht effizient. Dieses Buch wird Ihnen helfen sich die richtigen Fragen zu stellen und Sie auf das Wichtigste vorbereiten.
Bevor Sie Ihre Tour starten empfehle ich Ihnen dringen noch das erwähnte Tagebuch zu lesen. Es bereitet Sie auf Erfahrungen vor, mit welchen Sie vorab nicht gerechnet haben.

1.   Kleidung

Mit der Kleidung sind wir gleich am umfangreichsten Thema, worüber es unglaublich viel Literatur und somit auch Meinungen gibt. Nach meiner Erfahrung gibt es auch keine Patentlösung für die richtige Kombination der Kleidung. Das ist sehr individuell. Es gibt Menschen, welche sehr schnell auf Hochtouren fahren und schwitzen. Denen also von Grund auf schnell warm ist. Diese verfolgen eine ganz andere Strategie als jene Personen, die eher leicht sind und schnell frieren. Zudem sind natürlich die Jahreszeit und das Gebiet maßgeblich für die Auswahl der richtigen Kleidung.
Dieses Buch wendet sich konkret an Leser, welche Erfahrungen im Outdoorbereich sammeln möchten. Personen also, die keine bis mäßige Erfahrung mit diesen Dingen haben. Eine solche Zielgruppe sollte sich möglichst die besten äußerlichen Umstände heraussuchen. Das sind Temperaturen von 10-25°C (kann auch höher sein in der Sonne) und ein Gebiet, welches den Abstieg

unter die Baumgrenze (ca. 1800 Höhenmeter) ermöglicht. Außerdem ist es empfehlenswert diesen Trip in heimatähnlichen Gebieten, bezogen auf Tier- und Pflanzenwelt, durchzuführen. In der Regel haben Sie eine gute Nähe zu den ansässigen Tieren, was gerade bei Schlangen, Spinnen und Reptilien von Vorteil ist. Außerdem sind Sie das Klima gewöhnt. Es ist zwar ein großer Unterschied vom Flachland in das Gebirge zu wechseln, aber dennoch herrscht eine gewisse Vertrautheit vor. Selbst mit diesen optimalen Bedingungen ist ein Bestehen recht anspruchsvoll!

Es gibt 2 grundlegende Fehler bei der Kleidung. Entweder sie vergessen einen wichtigen Teil oder Sie haben deutlich zu viel mit. Aus Erfahrung weiß ich, dass meistens Aussage zwei zutrifft. Zu Recht widmet der Mensch der Kleidung eine große Aufmerksamkeit. Es ist gefährlich, wenn man keine wärmende Kleidung mit hat. Regenschutz und Wechselsachen sind auch unbedingt zu beachten. Das sitzt so tief in den Köpfen, dass dort kaum was vergessen werden kann. Dem entgegen ist zu viel Kleidung weniger problematisch. Jedoch muss etwas bedacht werden. Im Mittel tragen Sie Ihren Rucksack täglich ca. 5-7 Stunden. Wenn Sie dabei 2 oder 3kg einsparen können, dann wäre Ihnen viel geholfen. Zumal auch der entsprechende Platz anderweitig genutzt werden kann. Die richtige Einschätzung dazu liefert Ihnen dieses Kapitel.

Grundsätzlich ist es empfehlenswert zum wandern immer dieselben Sachen anzuziehen. Sicherlich werden Ihr Shirt und die Hose nach 2 oder 3 Tagen schon einen recht verbrauchten Eindruck erwecken. Aber es macht wenig Sinn ein frisches Shirt anzuziehen. In den meisten Fällen ist dieses nach kurzer Zeit wieder durchgeschwitzt oder vom Regen feucht. Gleiches gilt für Socken oder die Hose. Ein Wechsel macht nur Sinn, wenn die Sachen Früh sehr nass sind. Etwas feucht ist nicht schlimm. Die Körperwärme trocknet erstaunlich schnell, gerade bei Anstrengung.

Die restliche Kleidung dient nur noch im Notfall zum Wechsel (Wandersachen), zur Anpassung an das Wetter oder zum schlafen. In den folgenden Punkten verschaffe ich Ihnen eine Übersicht dazu.

1.1. Standardkleidung

Als Standardkleidung betrachte ich jene Kleidungsstücke, welche grundsätzlich getragen werden. Da Sie die meiste Zeit, neben dem Schlafen, mit wandern, suchen von Nahrung und anderen Aktivitäten beschäftigt sind, ist es sinnvoll dabei immer dieselben Sachen zu tragen. Natürlich bildet ein Wetterumschwung hierbei die Ausnahme. Jedoch sollte selbst leichter Regen nicht gleich bewirken, dass Sie gleich Ihre Regensachen einsetzen. Die Standardkleidung wird nach einer Weile verschmutzt, ggf. etwas feucht und einfach gebraucht sein. Da Sie permanent aktiv sind macht es wenig Sinn diese zu wechseln.
Die Standardkleidung sollte so gewählt sein, dass Sie bei Inaktivität leicht frieren. Ausnahme bilden natürlich extrem heiße Tage, an welchen Sie größere Anstrengungen eher meiden sollten. Ansonsten gilt bei mäßigen Temperaturen, vor dem Wandern ein leichtes Frieren ist genau richtig. Ihnen wird schnell warm werden, wenn Sie Ihren ca. 20-25kg Rucksack aufsetzen und los laufen.
Als Oberteil ist in der Regel ein T-Shirt vollkommen ausreichend. In Outdoorgeschäften gibt es eine Vielzahl von Angeboten zur Kleidung. Empfohlen wird meistens Funktionskleidung. Diese hat generell den Vorteil, dass Sie den Schweiß vom Körper weg transportiert und somit ein frieren verhindert. Nach meiner persönlichen Meinung ist dies nicht notwendig. Ich selber trage lediglich Shirts aus Baumwolle. Das unangenehme Gefühl auf der Haut, wenn das nasse Shirt darauf trifft, ist kein großes Problem. Es spielt lediglich dann eine Rolle, wenn ich den Rucksack absetze und später aufnehme. Diese unangenehme

Empfindung geht rasch vorbei. Außerdem sollte der Rucksack aus verschiedenen Gründen eher selten abgesetzt werden. Wenn doch einmal eine längere Pause ansteht, dann ist ein Baumwollshirt auch durch die Körperwärme nach ca. 20-30 Minuten trocken.

Von der Anzahl her sind unbedingt 2 Stück notwendig. 3 Stück insgesamt sind sinnvoll, damit eines in Reserve ist. Manchmal senkt ein Shirt beim trocknen am Feuer an. Oder Sie verlieren eines. 2 Stück sollten vorhanden sein, falls eines komplett nass geworden ist und es über Nacht nicht trocknen kann. Es empfiehlt sich nicht am Morgen mit einem nassen Shirt zu starten. Außerdem kann beim Trocknen am Feuer ein ganz übler Geruch entstehen, welchen Sie so schnell nicht raus kriegen. Es kann dann wirklich belastend sein, wenn Ihr Shirt Sie derartig penetriert. Ich bin da eigentlich nicht so empfindlich, aber derartiges habe auch ich kaum lange ausgehalten. Wenn Sie nun 2 Wochen unterwegs sind, dann kann eines der Shirts schon einmal weg kommen oder unbrauchbar werden. Daher ist ein Drittes zur Reserve sinnvoll.

Des Weiteren bietet sich eine dünne Jacke, eine Fleecejacke oder etwas in der Art an. Sie zählt nicht zur Schutzkleidung, sondern dient nur der Flexibilität beim Wetter. Stellen Sie sich vor, dass Sie gerade einen anstrengenden Aufstieg bewältigt haben. Sie sind verschwitzt. Oben am Gipfel ist Ihr Shirt durchgeschwitzt und der Wind weht. Es wird schnell kalt werden. Also ziehen sie schnell ein anderes T-Shirt an und eben diese Jacke drüber. Danach machen Sie Ihre Pause. Sobald Sie wieder starten nehmen Sie wieder das alte Wandershirt und die Jacke, ziehen Sie aus oder lassen Sie mit an. Das kommt darauf an, wie der Weg weiter geht. Nicht selten laufen Sie nach einem Aufstieg horizontal weiter. Das ist viel weniger anstrengend. Wenn es dann etwas wolkig und windig ist, wird es am Arm schnell kalt. Daher sollte eine entsprechende Jacke (nicht zu dick!!!) immer griffbereit sein.

Als Hose empfehle ich unbedingt ein Exemplar, welches Sie leicht von einer kurzen in eine lange Hose umändern können. Meistens befindet sich etwas über der Kniehöhe ein Reißverschluss, mit welchem die unteren Beinteile abgetrennt werden können. Dies ermöglicht Flexibilität beim Wetter. Oft ist eine kurze Hose einfach viel bequemer, gerade wenn es sehr anstrengend wird. Ist der Weg dann zeitweise weniger anstrengend und das Wetter nicht so warm, dann kann es schnell frisch an den Beinen werden. Auch ist das Gehen durch hohe Gräser oder Brennnesseln mit Hosen viel angenehmer. Wenn Sie die Hose in die Socken stecken, dann können Sie sich auf diese Weise auch vor Ungeziefer (Zecken) schützen. Lassen Sie sich bei der Wahl des Stoffes gut beraten und sparen Sie nicht an dieser Stelle! Eine gute Wanderhose ist windabweisend, trocknet sehr schnell (durch Körperwärme sind gute Hosen binnen 5 Minuten wieder trocken) und ist im Stoff sehr robust. Bedenken Sie, dass Sie oft hängen bleiben werden oder sich auf viele Untergründe setzen. Das alles muss der Stoff abhalten. Auch ist auf einen hochwertigen Reißverschluss zu achten. Es ist extrem belastend, wenn dieser nicht richtig hält oder immer verkannntet. Während Ihrer Tour können Sie ganz einfach die Hosenbeine entfernen und in die Socken stecken. Es ist so nicht nötig die Schuhe auszuziehen. Und Sie können sie schnell wieder anbringen, wenn das Wetter es erfordert. Wanderhosen sollten sehr dünnen Stoff haben. So sind sie atmungsaktiver, leicht zu tragen und die Beinteile können ganz bequem in die Socken gesteckt werden. Achten Sie auch auf einen Reißverschluss im Schrittbereich. Wenn es zu kalt ist, dann verschließt dieser besser als Knöpfe. Und bei starker Wärme einfach öffnen und die Luft zirkulieren lassen.

Bis jetzt habe ich bei meinen Touren immer nur eine Hose verwendet. Jedoch hatte ich immer eine zweite, genauso hochwertige, mitgenommen. Ob das nötig ist muss jeder für sich entscheiden. Eine Hose kann kaputt oder verloren gehen, daher ist Ersatz sinnvoll. Rein aus Sicht der Nässe ist es jedoch nicht nötig, da hochwertige Hosen sehr schnell trocknen. Da die Beine beim Laufen viel Wärme abgeben, ist die Hose meist das erste Teil, welches trocken ist.

Unterwäsche empfehle ich einfach wegzulassen. Es ist deutlich bequemer ohne Unterwäsche zu laufen und den Platz im Rucksack sparen Sie sich auch. Sie hat keinen wärmedämmenden oder komfortableren Effekt. Der Ursprung des Gebrauchs liegt eher in der Zivilisation, welcher Sie ja für die nächste Zeit nicht ausgesetzt sind.

Bei den Socken gibt es viele verschiedene Varianten und Empfehlungen. Ich habe mir angewöhnt immer 2 Paar anzuziehen. Dadurch beuge ich der Blasenbildung vor. Bei eventueller Reibung arbeitet mehr der Stoff der Socken aufeinander und mindert so enorm die Reibung auf meinen Füßen. Dazu nutze ich ein Paar Wandersocken, welche ich als erstes anziehe. Diese sind an den Druckpunkten etwas ausgearbeitet, weshalb das Laufen bequemer wird. Über dieses Paar ziehe ich dann andere normale Socken an. Sie sind nicht besonders dick und weisen auch sonst keine besonderen Merkmale auf. Damit habe ich extrem gute Erfahrungen gemacht. Wandersocken sollten Sie auf jeden Fall 2 Paar mitnehmen. Falls Ihre einmal nass werden, dann müssen Sie zur nächsten Wanderung gewechselt werden. Anders als beim Shirt ist es bei den Socken nicht richtig, wenn man diese leicht feucht anzieht. Die Füße müssen bestmöglich trocken sein, ansonsten läuft die Haut Gefahr aufzuweichen. Die Folge daraus sind Blasen oder Risse, was sehr schmerzhaft werden kann. Die anderen einfachen Socken sollten auch durch ein oder 2 Paar ersetzt werden können. Durch trocknen am Feuer etc. gehen gerade Socken schnell mal verloren, wenn man nicht aufpasst. Achten Sie darauf, dass die Socken so lang sind, dass Sie über die Schuhe hinaus das Bein bedecken. Nur dadurch können Sie die abgelösten Hosenbeine hineinstecken. Im Falle von Kälte können auch die Hosenbeine in

die Socken gesteckt werden, was die Wärme an den Beinen enorm gut staut.
Zusammenfassend noch einmal die einzelnen Bestandteile:
- 3 Shirts
- 1 Jacke (dünn)
- 2 Wanderhosen
- 2 Paar Wandersocken
- 3 Paar Socken

1.2. Schutzkleidung

Die größten Bedrohungen, vor welchen es sich zu schützen gilt, sind Nässe und Kälte. In den Bergen kann es selbst im Sommer schnell ziemlich kalt werden. Das Wetter ist dort derart flexibel, dass hier unbedingt vorgesorgt werden muss. Schutzkleidung ist der Teil der Kleidung, welcher größtenteils im Rucksack verstaut bleibt. Es kommt durchaus vor, dass manches davon nicht einmal genutzt werden muss. Da fragt sich der Akteur danach nicht selten: „Hätte ich das wirklich mitnehmen müssen?". Generell kann man diese Frage bejahen. Denn wenn ein Temperatursturz auftritt und es dazu noch regnet, kann dies zu einer ernsten Bedrohung werden, wenn die entsprechende Kleidung fehlt. Dennoch ist eine clevere Auswahl unbedingt nötig. Gerade Wärmekleidung benötigt oft viel Platz, weshalb hier selektiert werden muss.
Für den Kopf benötigen wir Schutz vor Kälte und Sonne. Schutz vor Nässe bietet in der Regel die Regenkleidung mit einer Kapuze. Als Kälteschutz hat sich eine Skimaske bewährt. Diese schützt vor Auskühlung und behindert kaum. Auch beim Schlafen kann diese getragen werden. Gerade in kalten Nächten immer wieder sehr hilfreich. Man sollte darauf achten, dass auch der Mund freiliegt. Dadurch ist das Trinken beim Wandern deutlich einfacher. Als Sonnenschutz gilt eine weiße Kappe. Helle Farben reflektieren die Sonnenstrahlen um einiges besser.

Ein Sonnenstich oder auch schon Sonnenbrand im Gesicht sind immer eine Belastung. Zumal der Körper beim Sonnenbrand viel mehr Wasser benötigt, was ebenfalls hinderlich ist.

Für den Oberkörper ist eine normale Regenjacke sinnvoll. Sie muss nicht sonderlich dick sein. Es reicht wenn sie den Regen abhält. Achten Sie beim Kauf unbedingt auf eine Kapuze. Schwachpunkt sind häufig die Reißverschlüsse. Diese sollten einen robusten Eindruck machen, sodass Sie im Falle des Regens dort keine Probleme bekommen, falls diese sich verklemmen. Außerdem ist ein dicker Pullover sinnvoll. Bei starker Kälte kann dieser angezogen werden. Bei Regen und Kälte setzt man die Regenjacke und den Pullover ein. Das reicht aus und macht eine weitere dicke Jacke überflüssig. Den Pullover werden Sie kaum beim wandern einsetzen. Er findet eher Verwendung, wenn Sie das Lager aufgebaut haben und das Gebiet nach Nahrung durchstöbern.

Für starken Regen ist dann ein Regenponcho unbedingt nötig. Wenn Sie es für überflüssig erachten eine Regenjacke sowie einen Regenponcho mitzunehmen, dann entscheiden Sie sich für den Poncho. Ich selbst ziehe die Regenjacke beim Wandern kaum an. Wenn es leicht regnet, dann ist das für die Standardkleidung OK. Wenn es stark regnet ist eine Regenjacke zu wenig und der Poncho ist erforderlich. Dieser hat den Vorteil, dass er komplett über den Körper geworfen werden kann und auch den Rucksack mit schützt. Ein Nachteil ist, dass er nicht atmungsaktiv ist, weshalb sich viel Kondenswasser darunter bildet. Darum ist der rucksackeigene Regenschutz trotz Poncho anzuwenden, da sonst der Rucksack durch das Kondenswasser durchweicht. Ein Poncho ist nach Benutzung von innen her einfach nass. Das kann man nicht verhindern. Aber er verhindert das komplette durchdringen des Wassers durch den Rucksack. Wenn die Wandersachen feucht sind, dann ist das nicht schlimm. Wenn der Rucksack durchnässt, dann wird es problematisch. Diesen gilt es zu schützen. Da ein Rucksack auch vom Rücken aus durchweichen kann, nämlich wenn Wasser von oben zwischen Rücken und Rucksack dringt, ist dieses Gebiet mit dem Poncho gut zu schützen. Außerdem entsteht unter dem Poncho eine Art Wärmestau, der das Frieren verhindert. Es ist zwar sehr feucht, aber auch warm. Ähnlich wie im tropischen Klima. Etwas hilfreich ist es, wenn Sie beim Tragen des Ponchos langsamer gehen, sodass die Wärmebildung nicht zu extrem wird. Hektik und schnelles Wandern sind da kontraproduktiv. Hände einziehen, Gesicht Richtung Boden und kurze Schritte – so verhalten Sie sich bei Starkregen optimal.

Schutzkleidung für die Beine gibt es, ist aber unnötig. Eine Regenhose ist durch den Poncho überflüssig und eine dicke Hose hat nur für die Nächtigung Sinn. Als einziges zu erwähnen ist eine lange Unterhose. Bei richtiger Kälte schützt diese optimal.

Während eines Regenschauers gibt es 2 mögliche Aktivitäten. Entweder Sie wandern noch, dann schützt der Poncho Ihre Beine zur Genüge. Oder aber Sie haben das Lager aufgebaut. Dann gehen Sie ins Zelt und warten ab. In keiner dieser Situationen ist eine Regenhose sinnvoll.

Für Ihre Hände sind Handschuhe zu empfehlen. In größeren Höhen beginnen schnell die Hände zu frieren. Viele machen den Fehler diese dann in die Tasche zu stecken. Bedenken Sie, dass das Gelände ab einer gewissen Höhe recht steinig wird. Wenn Sie da einmal stürzen, und das passiert schnell, dann besteht eine viel größere Verletzungsgefahr. Mit Händen in den Taschen können Sie sich nicht abfangen. So kann ein Sturz unangenehme Folgen haben. Dünne enge Handschuhe reichen in der Regel aus. Bloß keine Winterhandschuhe! Es ist wichtig, dass Sie noch immer ein gutes Gefühl in den Händen haben. Oft erfordert ein Wanderweg auch mal kleine Klettereinlagen. Daher müssen Handschuhe eng anliegen und am besten innen eine Gummifläche aufweisen. Die besten Varianten fand ich immer im Baumarkt. Garten oder Arbeitshandschuhe sind günstig und erfüllen die Anforderungen zur Genüge.

Mehr Schutzkleidung benötigen Sie nicht. Hier noch einmal eine Übersicht dazu:
- Skimaske
- weiße Kappe
- Pullover
- Regenjacke (nicht unbedingt nötig)
- Regenponcho
- Unterhose
- Handschuhe

1.3. Schuhe

Das wohl wichtigste Element sind die Schuhe. Ihre Füße tragen Sie während des gesamten Urlaubs. Wenn Sie hier einen Fehler machen, dann kann dieser nicht kompensiert werden. Lassen Sie sich dazu genau beraten. Es bringt meines Erachtens auch nichts hier gewisse Marken zu empfehlen. Jeder hat einen anderen Fuß und muss genau probieren in welchen Schuhen das Empfinden am besten ist. Investieren Sie hier gut! Wichtig ist, dass Ihr Schuh eine halbe bis eine Nummer größer ist, als Ihre eigentliche Schuhgröße. Das hat zum einen den Grund, dass Sie 2 Paar Socken anziehen. Zum anderen dürfen die Zehen beim Berg ab wandern nicht vorn anstoßen. Wenn dies der Fall ist bekommen Sie nach einer Weile starke Schmerzen durch den Druck und sind ziemlich eingeschränkt. Im Zehenbereich darf es keinen Kontakt mit dem Schuh geben! Außerdem sollten die Schuhe über Ihre Knöchel gehen, damit Stabilität vorhanden ist. Selbst wenn Sie nicht in ein hochalpines Gebiet gehen, so ist dies dennoch sinnvoll. Den großen Rucksack sind Sie sonst nicht gewöhnt. Ihre Konzentration lässt mit der Zeit nach und die Kraft in den Beinen ebenfalls. Das alles geht auf Kosten der Stabilität. Daher ist zusätzlicher Halt durch die Schuhe nötig.
Ihre Wanderschuhe haben Sie zum großen Teil im Urlaub an den Füßen. Es wird immer wieder empfohlen, dass ein weiteres Paar

Schuhe zum Leben an dem Zelt mitgenommen werden soll. Ich selber habe mir hierfür Trekkingsandalen zugelegt. Ob das unbedingt nötig war bezweifle ich immer mehr. Es ist richtig, dass es eine Erholung ist, wenn die Füße mal aus den Schuhen raus kommen. Um trotzdem am Lager mobil zu bleiben nutzt man dann solche Schuhe. Jedoch habe ich es sehr oft vorgezogen die Wanderschuhe nur richtig aufzumachen, sie aber nicht auszuziehen. So lief ich dann mit offenen Schuhen um mein Lager um Nahrung zu suchen. Die Sandalen hatte ich recht selten an.
Bei einem Outdoorurlaub muss man immer zwischen den Vorzügen und dem Aufwand abwägen. Leichte Schuhe sind erholsam, wenn man diese nach einem langen Marsch tragen kann. Das ist ein Fakt. Jedoch müssen diese mitgetragen werden. Wiegt der Vorteil der Schuhe deren Transport auf? Ich bin der Meinung, dass sich dies nicht lohnt. Da setze ich mich lieber barfuß vor mein Zelt und entspanne so etwas. Je weniger zu tragen ist, desto besser für mich. Ich gebe Ihnen unbedingt den Tipp selber zu testen ob sie derartige Schuhe für nötig halten. Bevor Sie Ihren Urlaub starten sollten Sie sowieso mal ein oder zwei Tage allein im Wald zelten. Erörtern Sie auf diesem Wege ob solche Schuhe für sie eine lohnende Komfortverbesserung darstellen.

1.4. Übernachten

Für die Nacht ist es wichtig, dass Ihre Kleidung warm und bequem ist. Es gibt genug andere Einflüsse, welche Sie um den Schlaf bringen werden. Da sollte sich zumindest die Kleidung angenehm anfühlen. Während des Wanderns muss gewährleistet sein, dass die Schlafsachen trocken bleiben. Die Standardkleidung kann nass werden. Ebenso die Schutzkleidung. Aber in der Nacht dürfen Sie nicht im Nassen liegen. Sie laufen sonst Gefahr sich zu erkälten. Die Wahl Ihrer Kleidung hängt vom

Schlafsack ab. Wenn dieser besonders warm ist, dann reicht wenig Kleidung. Das ist von Typ zu Typ stark verschieden.

Ich zum Beispiel schließe den Schlafsack ungern. Ich benutze diesen lieber als Decke, so wie ich es auch von daheim gewöhnt bin. Dadurch geht natürlich ein Teil der Wärmedämmung verloren, weshalb ich mich etwas dicker anziehen muss.

Da es im Laufe der Nacht stark herunter kühlt, muss man sich dementsprechend anpassen. Wenn es beim Schlafen gehen noch recht warm ist und meistens eine Unterhose ausreicht, so ändert sich dies nach Mitternacht oftmals. Dann benötigen Sie ein langärmliches Oberteil und eine lange Hose. Pauschal kann ich zur Kleidung keine Aussage geben, da die Umgebungstemperaturen ausschlaggebend sind.

Baumwolle lässt sich immer besonders angenehm tragen und hält auch warm. Für den Kopf empfehle ich die bereits erwähnte Skimaske. Sie hält die Wärme und dämpft etwas die Umgebungsgeräusche. Als Kopfkissen nutze ich immer den Verpackungssack vom Schlafsack. Diesen stopfe ich mit Kleidung voll, bis ein angenehmes Kopfkissen daraus wird.

Für den Oberkörper empfehle ich mindestens ein T-Shirt oder sogar gleich einen Pullover. Wie erwähnt hängt dies davon ab wie stark Ihr Schlafsack wärmt, wie tief die Außentemperaturen sind und welche Schlafgewohnheiten Sie bevorzugen. Wenn Sie nur ein Oberteil anziehen, dann legen Sie sich ein Weiteres griffbereit ins Zelt. Wie gesagt, die Temperatur wird im Zelt sinken. Wenn Sie nachts frieren, sollten Sie nicht lange nach Kleidung suchen müssen.

In der Regel reicht zum schlafen eine lange Unterhose für die Beine. Selbst bei Kälte habe ich da noch nie gefroren. Griffbereit sollte Ihre Wechselwanderhose liegen, falls sie doch zu frieren beginnen. Beide Hosen zusammen sind in jedem Fall vollkommen ausreichend. Sie können die Hosen auch noch in die Socken stecken, was für mehr Wärmeisolation sorgt.

Für Ihre Füße sollten Sie einfache Socken anziehen. Auch wenn diese komplett im Schlafsack liegen, so neigen diese doch dazu als erstes auszukühlen. Mit Socken schläft es sich viel angenehmer.

Wenn Sie nun die Schlafkleidung genau analysieren, dann werden Sie feststellen, dass Sie alles bereits schon eingepackt haben. Sogar auf den Pullover könnten Sie verzichten, wenn Ihre Jacke (die flexible Jacke der Standardkleidung) etwas wärmer ist. Dabei sollten Sie aber beachten, dass Ihre Schutzkleidung / Alltagskleidung nass geworden sein kann. Auf einmal stehen Sie vor dem Umstand, dass Ihre Schlafkleidung unbrauchbar geworden ist. Wenn es dann noch richtig kalt wird, dann haben Sie ein Problem. Daher empfehle ich unbedingt ein Shirt mitzunehmen, welches nur dem Schlafen dient. Idealerweise ist es etwas dicker als die leichten Wandershirts. Auch einen zusätzlichen Pullover empfehle ich mitzunehmen. Dieser wird nur zum schlafen eingesetzt. Es lohnt sich den Platz für diese zusätzlichen Dinge zu verbrauchen. Denken Sie daran, dass wenig Schlaf Sie psychisch und physisch schwächt. Eine Nacht mag das gehen, aber nach drei oder vier Nächten sieht das schon anders aus.

Eine extra Schlafhose ist jedoch nicht nötig, da bereits der Tausch der Wanderhosen am Tag recht unwahrscheinlich ist. Da Sie die langen Unterhosen zum wandern kaum tragen werden, kann hier Platz gespart werden.

Zusammenfassend hier noch einmal die Schlafkleidung.
1 Skimaske (bereits in der Schutzkleidung vorhanden)
1 Shirt (dicker Stoff)
1 Pullover
1 Unterhose (bereits in der Schutzkleidung vorhanden)
1 Hose zum darüber ziehen (bereits in der Standardkleidung vorhanden)
1 Paar Schlafsocken (etwas dicker)

2. Ausrüstung (Standard)

Das Thema der Ausrüstung ist der umfassendste Bereich. Grundsätzlich handelt es sich dabei um alle Hilfsmittel, welche auf irgendeine Art zum Einsatz kommen. Sehr wichtig ist das Verpacken der Ausrüstung. Gehen Sie beim Packen davon aus, dass Ihr Rucksack durchweicht. Es ist immer sinnvoll das Schlimmste anzunehmen. Und glauben Sie mir, einen richtigen Regenguss über eine längere Zeit kann auch Ihr Poncho nicht abwehren.
Es gibt Dinge, welche unbedingt trocken bleiben müssen und Dinge welche Feuchtigkeit vertragen. Allgemein möchte ich auf 2 Hilfsmittel für das Outdoorleben und im Zusammenhang mit dem Verpacken hinweisen.
Zum Einen nehmen Sie bitte reichlich Tüten mit. Einfache Müllbeutel aufgerollt reichen aus. Ihre Kleidung können Sie optimal damit schützen. Ideal ist eine Einteilung aller Textilien in verschiedene Themenbereiche. Ich empfehle die Bereiche Schlafsachen, Ersatz für Standardkleidung, Socken und anderes. Verstauen Sie die entsprechenden Gruppen in einer Tüte. So behalten Sie Übersicht und, was viel wichtiger ist, die Sachen sind vor Nässe geschützt. Auch Medikamente können in einer Tüte verstaut werden. Sollten Sie Nahrung mitnehmen, dann kann auch diese separat in Tüten untergebracht werden.
Außerdem empfehle ich unbedingt Gewebeband, auch Panzertape genannt. Die Rolle ist zwar sehr unhandlich, aber es lohnt sich. Zuerst einmal ist es ideal für schnelle Reparaturen. Ein Loch im Zelt, ein Riss im Tarp oder ein Defekt bei den Schuhen. Gewebeband ist robust und hält gut. Ich selber habe fast immer etwas einsetzen müssen. Auch beim Verstauen ist es hilfreich. Beispielsweise habe ich in meinem Kochtopf „Kleinkram" verstaut. Dazu zählen Batterien, Stifte, Papier, Feuerzeug, Feueranzünder, Hygieneutensilien und Derartiges eben. Ist der Topf voll dann kommt der Deckel drauf, an 2 Seiten mit Tape

befestigt und es hält. Außerdem ist der Inhalt sehr gut geschützt und fliegt nicht irgendwo im Rucksack herum. Gleiches gilt für eine kleine Kapsel mit Handy (Notfall). Diese zutapen und sie übersteht sogar einen Sturz ins Wasser.

2.1. Rucksack

Neben den Schuhen ist der Rucksack Ihr wichtigstes Utensil. Investieren Sie hier gut und sparen Sie nicht! Ich möchte Ihnen hier keine Markenempfehlungen etc. geben. Lassen Sie sich dazu intensiv beraten. Jeder Körper ist etwas anders gebaut und jeder Träger hat seine Eigenheiten. Daher müssen Sie einige Modelle probieren, um sich dann entscheiden zu können. Bedenken Sie, dass Sie ca. 20-25kg(!) auf Ihrem Rücken tragen. Wenn da der Rucksack nicht gut sitzt, dann werden Sie keinen Spaß an Ihrem Abenteuer haben.

Lassen Sie sich gründlich und genau zeigen wie Sie den Rucksack einstellen müssen. Eine bewährte Methode ist zuerst den Bauchgurt festziehen. Dann die Schulterriemen leicht festziehen und darauf folgend die Gurte unter den Armen straff ziehen. Zuletzt noch einmal die Schulterriemen nachziehen. Der Rucksack muss auf Ihren Hüftknochen sitzen. Keinesfalls sollte das Gewicht auf den Schultern lasten. Am oberen Bereich wird der Rucksack nur am Rücken fixiert, damit er nicht schwenken kann. Packen Sie vor Ihrer Tour den Rucksack vollständig ein und prüfen Sie den Tragekomfort. Es ist unbedingt nötig, dass Sie darin Routine haben.

Achten Sie auf hohe Qualität des Materials. Reißverschlüsse sollten einen robusten Eindruck machen, sodass diese auch unter Spannung halten. Besonders wichtig sind die einzelnen Klickverschüsse. Gerade jener Verschluss vom Bauchgurt sollte sehr stabil sein. Sie können davon ausgehen, dass ein Produkt einer guten Marke dort Qualität anbietet. Achten Sie in diesem Fall darauf und nehmen Sie keine „No name"- Angebote.

Der Stoff sollte zumindest spritzwasserfest sein. Darüber hinaus muss der Rucksack über einen eigenen Regenschutz verfügen. Das sollte allerdings kein Problem sein, denn dies gehört einfach zum Standard.

Außerdem ist es sinnvoll mehrere Zugänge zum Inhalt des Rucksackes zu haben. Sie sollten standardmäßig von oben reinkommen und von unten. Dazu muss eine Öffnung an der Front vorhanden sein. Hintergrund ist, dass Sie so an Ihre Ausrüstung kommen ohne gleich alles auspacken zu müssen. Das ist sehr wichtig und spart Zeit und Nerven.

Ich empfehle unbedingt Ihren Trinksack außen vom Rucksack zu lagern. Grund hierfür ist, dass dieser auch mal kaputt gehen kann. Entweder sticht was Spitzes hinein oder der Verschluss löst sich. Möglichkeiten gibt es viele. Es wäre dramatisch wenn 2 Liter Wasser im Rucksack auslaufen. Dies kann zu erheblichen Problemen führen. Ist der Sack extern gelagert, dann erleiden Sie kaum Schaden. Das erfordert Außentaschen in entsprechender Größe.

Als Größe vom Rucksack empfehle ich mindestens 80 Liter, was bei Bedarf aufgestockt werden kann. Seien Sie dabei großzügig. Denn beim Packen ist es immer gut, wenn der Rucksack nicht an sein Füllmaximum geführt wird. Ist er randvoll, dann steht das Material mehr unter Spannung. Die Gefahr von Materialschäden steigt dabei immens.

Manche Rucksäcke bieten innen wasserdichte Taschen an. Das ist ganz sinnvoll und hilfreich, aber kein Muss.

Wenn Sie auf diese Details achten, dann werden Sie auch Freude an Ihrem Rucksack haben. Ich betone an dieser Stelle nochmals: Lasen Sie sich Zeit beim Kauf und vergleichen Sie Modelle. Sparen Sie nicht an dieser Stelle und achten Sie auf Qualität.

2.2. Schlafsack/Isomatte

Die Isomatte hat 2 wichtige Funktionen. Zum einen soll Sie nach unten hin isolieren. Die Kälte darf nicht zu Ihrem Körper durchdringen. Das ist die wichtigste Funktion der Isomatte. Zum anderen hat sie die Funktion Ihrer „Matratze". Sie sorgt quasi für eine angenehme Liegefläche. Ich empfehle Ihnen daher dringend eine Dicke von mindestens 5cm. Gehen Sie davon aus, dass Ihr Unterboden selten passend ist. Die Suche nach einer richtigen Stelle ist manchmal recht aufwändig. Der Boden ist uneben oder er weist eine Schräglage auf. Diese Dinge kann auch die Isomatte nicht ausgleichen. Aber wenn Sie eine halbwegs passable Stelle gefunden haben, dann sollte es keine weiteren Selektionskriterien geben. Wenn Sie nämlich auch noch auf Wurzeln und kleinere Unebenheiten auf dem Boden achten müssen, dann wird es sehr schwer einen Schlafplatz zu finden. Je dicker die Matte, desto weniger Einschränkungen haben Sie in der Platzwahl. Sie sollten alternativ eine Luftmatratze in Erwägung ziehen. Diese haben ein geringes Packmaß und sind wesentlich dicker. Der Nachteil ist natürlich das Aufblasen. Nach einem anstrengenden Tag, an welchem die Nahrungssuche noch bevor steht, kann so etwas schon nervig sein. Isomatten sind zumeist selbst aufblasbar. Wählen Sie selber zwischen diesen beiden Alternativen. Wichtig ist unter dem Strich, dass Sie gut darauf liegen können.
Bei der Wahl des Schlafsackes gibt es ganz unterschiedliche Kriterien. Maßgeblich ist hierbei der Einsatzbereich. Es gibt Schlafsäcke, welche den Nutzer bis -50°C schützen und Schlafsäcke, welche nur in milden Gebieten einzusetzen sind. Wenn Sie Temperaturen unter 10 ° nicht zu befürchten haben, dann können Sie einen ganz normalen Standardsack nehmen. Achten Sie auf die Größe und Ihre Beweglichkeit. Viele Menschen können nicht schlafen, wenn der Schlafsack zu eng ist. Testen Sie ihn daher vorher aus. Wie bereits erwähnt nutze ich selber den Schlafsack eher als Decke und mache diesen am

Reißverschluss komplett auf. Mit einer ordentlichen Isomatte darunter wärmt diese Kombination vorzüglich. Natürlich ist so eine Methode nur bei milden Temperaturen möglich. Schon bei Temperaturen unter 10° muss der Schlafsack geschlossen werden und trotzdem noch bequem sein. Lassen Sie sich hierzu im Fachgeschäft beraten und werden Sie sich vorher Ihrer Schlafgewohnheiten bewusst. Achten Sie auf die Komfortzone des Schlafsackes. Das ist jener Temperaturbereich, bei welchem der Schlafsack optimal wärmt. Idealerweise sollte diese Komfortzone in der Nacht nicht unterschritten werden.

2.3. Zelt und Tarp

Zuerst einmal das Zelt. In der gemäßigten Klimazone ist hier nicht auf sonderlich viel zu achten. Ich selber habe mich umfassend mit Zelten beschäftig. Am Ende besorgte ich mir eines für 60eur ohne besondere Eigenschaften. Wichtig ist, dass es leicht ist. Unter 2kg können Sie auf jeden Fall eines finden. Besonders zu achten ist auf eine Doppelwand. Manche Zelte haben nur eine Plane, was schlechter isoliert und schneller durchweicht. Dem gehen Sie mit einer Doppelwand aus dem Weg. Außen ist die Zeltplane und innen das Zelt an sich. Gehen Sie davon aus, dass es längere Zeit stark regnet. Das wird auf jeden Fall geschehen, wenn Sie über eine Zeit von 2 Wochen unterwegs sind. Irgendwann weicht jede Zeltwand durch. Wenn Ihr Zelt nun nur eine Schicht hat, dann haben Sie die Nässe drinnen. Bei 2 Schichten ist es fast egal, ob die äußere durchweicht. Das Wasser läuft dann innen runter und versickert im Boden. Meistens ist es im Zelt früh auch feucht, was aufgrund Ihrer Atmung passiert. Diese Nässe hält sich aber in Grenzen und ist unproblematisch.
Es gibt auch Zelte ohne Zeltboden. Darauf sollten Sie unbedingt verzichten. Nutzen Sie eines mit Boden. Wenn Sie Ihr Zelt im Regen errichten und der Boden nass ist, dann ist es einfach

ungemütlich. Ein rundum geschlossenes Zelt bietet einen angenehmen Unterschlupft und schirmt Sie etwas ab. Es dämmt nachts sehr gut die Wärme und hält trocken. Vielleicht sollten Sie noch auf die Farbwahl achten. Graue oder grüne Farben sind ganz sinnvoll. Wenn Sie zu grelle Farben nehmen, dann fallen Sie schneller auf und Sie wollen doch für sich allein sein.

Ein Tarp zusätzlich mitzunehmen halten manche sicherlich für überflüssig. Aber es hat auch seine Vorteile. Im Grunde handelt es sich um eine Plane, welche Wasserdicht und windschützend ist. Dazu ist sie sehr robust. Man kann daraus sogar ein Notzelt bauen. Dieses steht dem richtigen Zelt zwar in Einigem nach, aber man weiß nie was passiert. Bei Starkregen können Sie zuerst das Tarp spannen und darunter Ihr Lager errichten. Wie bereits erwähnt kann es als Ersatz für Ihr Zelt aber auch für den Poncho dienen, falls dieser mal verloren geht. Bedenken Sie bitte, dass Sie eine längere Zeit auf sich gestellt sind. Der Verlust von Ausrüstung oder ein Defekt derselben kann folgenschwer sein. Eine Plane, mit dem Maß 3x4 Meter, kann Vieles ersetzen. Es kann als Unterlage in sehr feuchtem Gebiet eingesetzt werden. Ein Tarp ist leicht und bei der richtigen Packtechnik auf ein recht kleines Packmaß zu bringen. Vorteile und Belastung stehen daher in einem sinnvollen Verhältnis.

2.4. Messer

Ein Messer gehört zur Grundausrüstung eines jeden Outdoorurlaubes. Sie können damit Holz zurecht machen, Pflanzen schneiden, Tiere zubereiten (Schnecken etc.), alle möglichen Dinge schneiden und eben sonst alles was man mit einem Messer tun kann. Es sollte recht scharf sein und unbedingt rostfrei. Idealerweise bestehen Klinge und Griff aus einem Stück Metall, was erheblich stabiler ist. Die Klinge sollte mindestens 4 Millimeter dick sein. Dadurch hält das Messer auch schwereren Belastungen stand. Diese entstehen beispielsweise beim Holz spalten. Die Klinge ansetzen und mit einem anderen Stamm von oben auf die Klinge schlagen. So bearbeiten Sie auch hartnäckiges Holz. Vorausgesetzt das Messer ist eben dick genug. Achten Sie auf eine zuverlässige Halterung, zumindest wenn Sie das Messer direkt an der Hose tragen wollen. Wenn Sie sich nicht sicher sind, dann verpacken Sie es lieber im Rucksack. Ohne Messer können manche leichte Aufgaben zu einem großen Aufwand führen.

2.5. Technik

Unter Technik zähle ich einmal alle Utensilien auf, welche entweder tatsächlich technisch sind oder anderen Kleinkram.
Sehr wichtig ist dabei natürlich die Taschenlampe. Unerlässlich ist eine Stirnlampe. Bei der Nutzung haben Sie die Hände frei und Sie leuchtet immer Ihr Blickfeld optimal aus. Kaufen Sie nicht das billigste Model. Auch bei Stirnlampen sollte Sie auf qualitative Details achten. Zunächst muss Sie robust sein. Sie wird mal runterfallen oder sehr dreckig werden. Unbedingt sollte Sie spritzwasserfest sein. Licht brauchen Sie im Dunkeln immer, auch wenn es regnet. Achten Sie auch auf die Stufenverstellbarkeit. Es spart Energie, wenn die Lampe nicht immer die maximale Leuchtkraft hat. Andersrum ist auch mal ein großer Lichtkegel sehr nützlich. Viele Lampen können entweder streuen oder das Licht bündeln. Gebündeltes Licht reicht viel weiter und gestreutes Licht geht mehr in die Breite. Dazu sollte die Lampe Rotlicht aufweisen. Dieses schwache Licht ist ungemein hilfreich, wenn man keine Aufmerksamkeit erregen will. Wenn Sie im Zelt mit einer hellen Taschenlampe leuchten, dann ist dies extrem auffällig. Rotlicht hingegen sieht kaum jemand. Auch wenn wohl nicht damit zu rechnen ist, dass irgendjemand auf Sie aufmerksam wird, so sollten Sie dies dennoch nicht provozieren.

Daneben ist auch eine normale Taschenlampe ganz nützlich. Sie dient eher als Ersatz, wenn Ihre Stirnlampe nicht funktionieren sollte. Gerade bei Licht ist es sehr sinnvoll einen Ersatz zu haben.

Den Kompass zähle ich mit unter Technik. Dazu ist nicht viel zu sagen. Er sollte eine gerade Kante haben um die Karte einzunorden. Idealerweise ist diese Kante gleich mit einem Zentimetermaß versehen, was die Entfernungen dann besser berechnen lässt. Er sollte eine praktische Form haben, sodass er direkt in der Hosentasche tragbar ist und einen Strick zum befestigen.
Für den Notfall ist ein Handy sinnvoll. Optimal wäre ein Outdoorhandy, welches robust und wasserfest ist. Alternativ verpacken Sie ein normales einfach wasserdicht in einer Kapsel. Der Sinn des Urlaubs ist auch, dass Sie nicht erreichbar sind. Daher ist es ganz gut, wenn das Handy umständlich verpackt ist.
Ein Fotoapparat sollte nicht fehlen. Dabei sind die Anforderungen und Vorstellungen des Einzelnen derart unterschiedlich, dass ich Ihnen absolut keine Empfehlung geben kann. Ich selbst bin ein durchschnittlicher Fotograf und bin daher kein so guter Ratgeber. Sie sollten unbedingt auf Wasserfestigkeit und Robustheit achten. Die Kamera wird schnell mal schmutzig und vor Allem feucht. Alles was Sie am Körper tragen wird durch die Hautatmung etwas nass. Da Sie die Kamera sicherlich in eine Tasche oder um den Hals tragen, können Sie von Nässe ausgehen. Des Weiteren achten Sie auf Batteriebetrieb. Batterien sind austauschbar. Akkus können Sie in der Natur nicht laden.
Um diese Dinge betreiben zu können benötigen Sie noch die Batterien. Nehmen Sie davon reichlich mit. Eine Lampe lässt man mal schnell brennen oder in der Kälte liegen (da entlädt sich die Batterie auch). Verpackt sollten Batterien in einer Box oder einer Tüte werden. Mit Tape verschlossen sind diese dort bestmöglich geschützt.

Und natürlich noch ein Feuerzeug. Nehmen Sie ruhig mehrere mit. Sie gehen schnell verloren oder kaputt.
Zur Vollständigkeit möchte ich noch den Klappspaten erwähnen. Manche werden diesen eventuell in den Aufzählungen vermissen. Ich habe mir abgewöhnt einen mit zu nehmen. Löcher graben ist im Grunde nicht nötig. Wenn es doch mal erforderlich ist, kann man sich auch anderweitig behelfen. Der Spaten ist unhandlich und wiegt ca. 2kg. Aufwand und Nutzen sprechen hier eindeutig gegen eine Mitnahme.
Hier noch einmal zusammenfassend die Objekte aus diesem Kapitel:
- Handy
- Stirnlampe
- Taschenlampe
- Kompass
- Fotoapparat
- Batterien
- Feuerzeuge

2.6. Hygiene

Auch wenn Ihr Aufenthalt in der Natur nur von „kurzer" Dauer ist, so ist eine Grundhygiene sehr wichtig. Sie dient nicht nur dem Schutz vor Keimen. Viel mehr hat Hygiene auch eine psychische Wirkung. Sie werden schnell merken wie rau und „unzivilisiert" Sie sich fühlen und auch leben. Schnell vermissen Sie jene Dinge, welche Sie von den Tieren der Natur unterscheiden. Dazu zählen ein warmes Essen, Kleidung und eben auch Hygiene. Hygiene liefert Ihnen den Hauch Zivilisation da draußen, welcher für Ihre Moral gut ist. Ich selbst habe fast jede Wasserstelle zum waschen genutzt. Zwar selten mit Seife, aber einfach das frische Gefühl gewaschen zu sein. Wenn ein größerer Bach den Weg kreuzt, dann Sachen runter, hinein legen und sich waschen. Das tut gut und wirkt wahre Wunder für die Moral.

Als Hygieneartikel sind nur 5 kleine Sachen zu nennen. Zahnbürste und Zahnpasta. Dazu brauche ich mich nicht näher zu äußern.
Daneben benötigen Sie einen Waschlappen und Seife. Der Waschlappen kann immer außen am Rucksack befestigt werden. Idealerweise finden Sie fast jeden Tag eine kleine Badestelle. Daher wird er auch nie ganz trocken sein. Als Seife nutzen Sie unbedingt biologisch abbaubare Outdoorseife. Sie kann auch zum reinigen der Kleidung genutzt werden.
Das letzte Utensil ist ein kleines Handtuch. Auch dieses sollte sich griffbereit am Rucksack befinden und kann auch feucht sein. Nachts hängen Sie Lappen und Handtuch einfach in der Nähe des Lagers an einen Baum. Selbst bei Regen sind beide früh fast trocken.
Einen wichtigen Tipp noch zum waschen. Besondere Beachtung müssen Ihre Füße finden. Diese sind unbedingt sorgfältig zu trocknen. Wenn Sie nass sind laufen Sie Gefahr aufzuweichen. Sie sind dann viel anfälliger für Blasenbildung und Hautrisse. Da helfen auch keine 2 Sockenpaare mehr. Nehmen Sie sich dies zu Herzen. Ich hatte mir mal die Füße aufgerieben als ich einen bequemen geraden Weg lief. Das geht schnell und in unebenem Gelände noch viel schneller.
Zusammenfassend noch einmal die Hygieneartikel:
- Waschlappen
- Outdoorseife
- Zahnpaste
- Zahnbürste
- Handtuch
- Klopapier

2.7. Lektüre (Informationen und Karten)

Unbedingt nötig ist natürlich eine Landkarte des entsprechenden Gebietes. Achten Sie darauf, dass die Karte wasserfest ist. In der

Regel tragen Sie diese in einer Tasche am Hosenbein. Diese Taschen sind geräumig und die Karte ist steht's griffbereit. Nachteil ist natürlich Nässe von Regen oder durch das Schwitzen. Außerdem ist der Maßstab wichtig. Je genauer die Karte, desto besser für Sie. Empfehlenswert ist ein Maßstab von maximal 1:30000. Das Gelände lässt sich auf solchen Karten recht gut beurteilen.

Wenn Sie sich aus der Natur ernähren wollen, dann empfehle ich Ihnen unbedingt ein Pflanzenbuch. Die Frage ist nur welches Buch sich anbietet. Für einen Neuling ist dieses Thema kein leichtes. Informativ aber sehr unpraktisch sind dicke Bücher mit extrem vielen Pflanzenarten drinnen. Das Problem ist einfach, dass Sie keine Chance haben eine entdeckte Pflanze im Buch zuzuordnen. Da diese meist alphabetisch sind sollten Sie den Namen schon kennen, was meistens schon das erste Problem ist. Zur genauen Vorbereitung bezüglich der Pflanzen komme ich später im Buch noch einmal. Die richtige Lektüre ist meiner Meinung nach ein Heft, welches alle Giftpflanzen der Region darstellt. Wenn Sie eine Pflanze nicht kennen und auch nicht in dem Buch finden, dann ist diese essbar. Vorsicht! Laut Meinung der Insider sollten nur Pflanzen gegessen werden, welche einwandfrei identifiziert werden können. Meine Ausführungen beruhen ausschließlich auf eigene Erfahrungen. Beispielsweise war ich mir Anfangs bei Klee nicht ganz sicher. Ich hätte mich jedoch daran erinnert, wenn Klee als giftig eingestuft werden würde. War es nicht, also hab ich es gegessen. Sinnvoll ist auch ein Heft über die wichtigsten Pflanzen der Region. Es sollte immer eine Auswahl der Gewächse sein und nicht jede einzelne aufgelistet.

Außerdem ist ein Buch über die Zubereitung von Insekten und Kleinsttieren sinnvoll. Manchmal entdecken Sie etwas und sind sich nicht so über die Verträglichkeit und Zubereitung sicher. Da ist ein handliches Nachschlagewerk recht sinnvoll. Gehen Sie davon aus, dass Sie während des Urlaubs schneller verunsichert

sind bei dem was Sie glauben zu wissen. Kann ich nun Heuschrecken roh essen? Kann man Asseln essen? Wie war das noch einmal? Fakt ist, vorher lesen Sie einiges und probieren davon manches. In der Natur werden Sie plötzlich unvorbereitet mit einer vermeintlichen Nahrungsquelle konfrontiert. Da entsteht schnell Unsicherheit durch die mangelnde Routine.
Zusammenfassend noch einmal:
- Landkarte
- Übersicht von Giftpflanzen
- Übersicht der wichtigsten essbaren Wildpflanzen der Region
- Heft über die Zubereitung und Verträglichkeit von Insekten und Kleinsttieren

2.8. Ersatz/Reparatur

Einige Ersatzelemente habe ich bereits erwähnt. Tarp und Ersatzlampe sind somit schon abgehandelt. Außerdem Ersatzwäsche bei der Kleidung.
Auch schon erwähnt wurde das Gewebeband. Eine Rolle davon gehört unbedingt zu Ihrer Ausrüstung. Sie können damit sehr viel reparieren und es hält erstaunlich gut. Schützen Sie es vor Feuchtigkeit, denn sonst lässt die Klebekraft nach.
Besorgen Sie sich zudem Ersatzverschlüsse für Ihren Rucksack. Gerade der Bauchgurt, aber auch die Schulterriemen, müssen zuverlässig halten. Ist der Bauchgurt nicht mehr verschließbar, dann haben Sie ein großes Problem. Sie brauchen nur einmal ungünstig drauf treten und der Verschluss hat einen Riss. Er hat dann nur noch einen Bruchteil der Haltekraft.
Schnürsenkel sind auch unbedingt nötig. Ihre können reißen oder beim trocknen am Feuer entzünden. Ohne Schnürsenkel haben Sie wenig halt in den Schuhen. Achten Sie dabei auf die richtige Länge.
Nähzeug empfehle ich auch. Es reicht eine kleine Tasche mit Nadel und Faden. Eine abgerissene Schnalle am Rucksack

werden Sie damit zwar nicht reparieren, aber zumindest einen Knopf annähen oder einen langen Riss im Shirt. Bedenken Sie, dass es sich dabei ausschließlich um eine behelfsmäßige Reparatur handelt.

Spanngurte sind hilfreich. Im Baumarkt gibt es kleine Spanngurte. Darunter ist ein Gummiseil (ca. 1cm im Durchmesser) mit einem Metallhaken an jedem Ende zu verstehen. 3 oder 4 Stück sind ganz sinnvoll. Sie können unterschiedlich genutzt werden. Beispielsweise können Sie das Tarp spannen. Ein Defekt am Rucksack kann vorübergehend stabilisiert werden. Oder Sie dienen als Wäscheleine.

Eine lange Schnur sollte auch nicht fehlen. Es gibt keinen konkreten Einsatz dafür. Aber Irgendwas ergibt sich meistens. Eine gerissene Leine am Zelt, Sicherung für das gespannte Tarp, Wäscheleine oder eben andere Verwendungen. Ein 5 Meter langer Strick ist handlich, leicht und kann sehr nützlich werden.

Zusammenfassend hier noch einmal die Bestandteile:
- Gewebeband
- Nähzeug
- Spanngurte
- lange Schnur
- Schnürsenkel
- Verschlüsse Rucksack

2.9. Erste Hilfe

Es gibt bereits vorgefertigte Erste Hilfe Sets. Auf meiner ersten Tour damals hatte ich so eines mit. Ich war recht schnell genervt von dieser Unhandlichkeit und dem Platz, welchen diese kleine Tasche benötigt. In den darauf folgenden Touren habe ich mich auf einige wesentliche Dinge beschränkt. 2 Binden im Falle einer größeren Verletzung. Ein paar Kompressen dazu und einige Pflaster. Das reicht vollkommen aus. An Medizin ein paar Schmerztabletten, falls eine Prellung oder Zerrung Sie arg

einschränkt oder Sie aufgrund der Veränderungen starke Kopfschmerzen bekommen. Tabletten gegen Durchfall werden immer wieder empfohlen, habe ich jedoch noch nie gebraucht. Aber zur Not ist es sicherlich nicht verkehrt welche dabei zu haben. Bedenken Sie, dass Ihr Körper eine ganz andere Nahrung als gewohnt bekommt. Jeder reagiert darauf unterschiedlich. Auch wenn diese Ernährung gesund und natürlich ist, so handelt es sich um eine massive Veränderung der Essgewohnheiten. Solche Einschnitte verträgt jeder anders.
Zusammenfassend noch einmal:
- Binden
- Kompressen
- Pflaster
- Schmerztabletten
- Durchfalltabletten

3. Ausrüstung (Verpflegung)

Dieser Ratgeber richtet sich an Menschen, welche sich ausschließlich aus der Natur ernähren wollen. Daher gehe ich hier nur auf die Ausrüstung ein und nicht auf die Nahrung an sich. Sie werden im späteren Teil noch Hinweise für die Nahrungsbeschaffung und Zubereitung finden.

3.1. Bushbox, Kocher

Es ist nötig, dass Sie einen Teil der Nahrung erwärmt zu sich nehmen. Mindestens eine Mahlzeit am Tag sollte warm sein, idealerweise aber zwei. Es bietet sich dafür das Frühstück und das Abendessen an. Warme Nahrung kann besser verarbeitet und aufgenommen werden. Da Pflanzen vergleichsweise wenige Kalorien haben, müssen Sie reichlich davon essen. Wenn wir mal ganz simpel von Gras ausgehen, dann stellen Sie sich vor ein

Büschel Gras zu essen. Sie werden Ewigkeiten darauf kauen. Ist es jedoch durch gekocht, dann können Sie viel mehr davon essen und erhalten somit mehr Energie. Außerdem ist auch die Zufuhr von Wärme schlussendlich Energie für Ihren Körper. Und Energie benötigen Sie an vielen Stellen.

Zu Beginn meiner Touren habe ich immer einen Gaskocher mitgenommen. Jedoch benötigen diese Kocher recht viel Platz. 2 Gaspatronen sowie der Kocher sind nötig. Ich habe daher schnell nach Alternativen gesucht. An dieser Stelle möchte ich Ihnen die Bushbox empfehlen. Dies ist ein mobiler Ofen, welcher zusammengefaltet werden kann. Er hat somit ein enorm geringes Packmaß. Die Bushbox ist aus Edelstahl und somit rostfrei und sehr stabil gefertigt. Außerdem hat Sie viel mehr Leistung. Binnen kurzer Zeit (im Vergleich zum Kocher) beginnt das Wasser zu kochen. Die ausgeklügelten Lüftungslöcher und Schlitze sorgen für eine ideale Sauerstoffzufuhr. Auch schlechtes Holz brennt darin wunderbar. Der Nachteil ist natürlich, dass Sie etwas Holz sammeln müssen. Aber das ist wenig Aufwand, da Sie nicht sehr viel benötigen. Mittlerweile bereite ich mein Essen ausschließlich mit der Bushbox vor und lasse den Kocher ganz bei Seite.

Ob Sie einen Kocher oder die Bushbox einsetzen bleibt Ihnen überlassen. Erwärmt kriegen Sie Ihr Essen mit beiden Methoden. Die Bushbox hat nur um einiges mehr an Power und Brennmaterial haben Sie zur Genüge. Das geringe Packmaß dazu macht Sie zum absoluten Favoriten.

Ein Grillanzünder ist für die Bushbox eine gute Hilfe, wenn es mal nicht gleich mit dem Feuer klappt. Nutzen Sie aber Anzünder auf natürlicher Basis.

3.2. Besteck, Töpfe, Tasse

Sehr bewährt ist ein Set Outdoorbesteck. Messer, Gabel und Löffel können platzsparend zusammengesteckt werden und sind so gut unterzubringen.
Ein Topf reicht für Ihr Abenteuer vollkommen aus. Nehmen Sie ruhig einen etwas größeren mit einem Fassungsvermögen von ca. 3l. Es sollte unbedingt ein Deckel dabei sein. Dieser ist einmal zum Verpacken praktisch und natürlich auch für die Zubereitung. Außerdem kann er gleich als Teller dienen. Für den Topf benötigen Sie dringen noch eine Topfzange zum anheben.
Eine stabile Tasse sollte auch nicht fehlen. Idealerweise ist diese aus feuerfestem Material, damit Wasser direkt darin erwärmt werden kann. Ansonsten achten Sie bitte auf glatte Oberflächen bei Ihrem Besteck und Geschirr. Diese lassen sich bedeutend besser reinigen und es gibt weniger Stellen für Keimbildung.
Zusammenfassend noch einmal:
- Topf mit Deckel
- Tasse (feuerfest)
- Besteckset
- Topfzange

3.3. Wassertransport und –aufbereitung

Essenziell für Sie ist Wasser. Sie benötigen es in erster Linie zum trinken, aber auch zur Zubereitung. Sie müssen unbedingt dafür sorgen, dass Sie immer reichlich davon zur Verfügung haben. Verlassen Sie sich auch nicht auf feuchte Eindrücke der Umgebung oder etwaigen Regen. Es gibt zwar zahlreiche Methoden wie Wasser gewonnen werden kann oder Regen aufzufangen ist, aber das ist alles recht mühsam, denn Sie brauchen viel. Zum Kochen sind mal schnell 2l weg. Trinken werden Sie reichlich müssen, da die Anstrengung Sie durstig werden lässt. Ich selbst hatte schon dreimal Wassermangel, obwohl es leicht regnete oder der Boden feucht gewesen ist. Jedesmal war es die eigene Bequemlichkeit oder Unachtsamkeit, welche mich in diese missliche Lage brachte.

Für mich hat sich folgende Methode bewährt. Zum einen habe ich einen 2,5l Trinksack mit Schlauch, durch welchen ich problemlos während des Gehens trinken kann. Ich empfehle Ihnen unbedingt die Anschaffung eines solchen Trinksackes. Die Vorteile liegen klar auf der Hand. Das Trinken ist wenig umständlich, weshalb Sie regelmäßig trinken ohne immer erst Pause machen zu müssen. Noch schlimmer wäre es, wenn Sie jedesmal bei Durst Ihren Rucksack absetzen, damit Sie an Ihr Wasser kommen. Manche Leute tragen dann zwar Ihre Trinkflasche in der Hand, davon rate ich jedoch ab. Nicht jeder Weg ist leicht begehbar. Oft sind die Hände zum festhalten gefragt. Oder Sie stützen beim wegrutschen ab. Die Hände sollten in jedem Fall frei sein. Allein schon zwecks Nahrungssuche.

Dieser Trinksack wird bei jeder Gelegenheit aufgefüllt. Es ist wichtig, dass Sie dabei konsequent sind, denn gehen Sie nicht davon aus gleich wieder an eine Wasserquelle zu gelangen. Auch wenn kleine Bäche auf der Karte eingezeichnet sind, so heißt das nicht zwangsläufig, dass diese auch einen guten Zugang haben. Manchmal zieht sich auch eine kleine Strecke durch unwegsames Gelände weit hin, wodurch ein vermeintlich nahes Gewässer doch in weite Ferne rückt. Daher nutzen Sie mögliche Wasserstellen!

Außerdem empfehle ich zusätzlich einen 10l Wassersack. Dieser ist beim wandern im oder am Rucksack verstaut. Primär dient er zur Versorgung am Lager. Da Sie nicht immer direkt am Wasser nächtigen, müssen Sie Wasser holen. Dafür ist ein Wassersack ideal. Achten Sie auf eine robuste Verarbeitung und auf ein kleines Packmaß. Von zusammenfaltbaren Kanistern rate ich ab. Sie sind unhandlicher und Wasser lässt sich schwer transportieren. Ich empfehle auch in dem Wassersack ca. 3l mitzunehmen. Das geht mit einem Kanister nicht. Die 3l haben folgenden Grund. Wenn Sie über einen Kamm oder Gipfel gehen, dann finden Sie wenig Wasser. Ein Aufstieg kann auch bei bedecktem Himmel sehr mühsam und somit durstig machend sein. Da trinkt man schnell 2l in 1-2 Stunden. Wenn dann Ihr Wasser alle ist, dann sind Sie einer unnötigen Belastung und Gefahr ausgesetzt. Genügend Wasser dabei zu haben ist beruhigend und einfach nötig. Ob Sie nun 3, 5 oder 1 l Reserve in dem Transportsack benötigen hängt von Ihnen ab. Machen Sie Ihre eigenen Erfahrungen. Ich trinke bei Belastung extrem viel und nehme die zusätzlichen 6 Kilo Gewicht gern in Kauf, wenn ich dafür genügend Wasser habe. Sie müssen einen Mittelweg finden. Nicht zu viel, sonst mühen Sie sich zu sehr ab. Aber eben auch nicht zu wenig.

Chemische Wasseraufbereiter sollten Sie mit dabei haben. Im Normalfall müssen Sie das Wasser nicht aufbereiten. Gebirgsflüsse sind sauber und genießbar. Es kann aber geschehen, dass Sie gezwungen sind etwas verschmutztes Wasser zu nutzen. Oder Wasser, welches durch eine Kuhherde fließt. Dieses sollte wiederum aufbereitet werden, denn die Ausscheidungen der Kühe können auch im Wasser sein. Fließt ein Bach durch dichten Wald, dann ist auch Vorsicht geboten. 100m aufwärts kann ein totes Tier im Fluss liegen. Sie wissen es nicht. Daher sollten Sie im Zweifel auf die Wasseraufbereitung zurück greifen.

3.4. Transportsäcke

Da Sie sich aus der Natur ernähren, müssen Sie immer die Augen nach Nahrung offen halten. Manches verzehren Sie sofort und anderes nehmen Sie auf Vorrat mit oder müssen es erst kochen. Daher ist es sinnvoll am Gürtel oder seitlich am Rucksack (so, dass Sie mit den Händen noch ran kommen) kleine Tragenetze mitzunehmen. Achten Sie darauf, dass die Maschen eng sind. Sinnvoll ist es, wenn das Netz am Eingang zugezogen werden kann. Falls Sie Schnecken oder anderes Getier sammeln, kann dieses nicht entwischen. Meistens werden Handschuhe, Klettersteigsets oder andere Ausrüstungsgegenstände in solchen Netzen verkauft. Sie dienen da quasi als Transport oder Verpackung. Ich hab immer 3 Stück mit, was vollkommen ausreichend ist.

4. Verstauen und Verpacken

Wenn Sie in der Natur unterwegs sind ist es sehr wichtig, dass Sie Ihre Ausrüstung gut organisieren. Nicht nur das wasserfeste und platzsparende Verstauen ist wichtig, sondern auch der Umgang mit Ihrer Ausrüstung. Dazu zählt insbesondere, dass Sie nicht lange suchen müssen wenn Sie etwas brauchen. Ihr Rucksack weist idealerweise 3 Eingänge auf. Mit etwas Übung wissen Sie genau zu welchem Eingang Sie hinein müssen um etwas zu finden. Ich bin nicht der Freund von vorgeschriebenen Packplänen. Schlussendlich sind Sie es, der mit dem angewendeten Packsystem vertraut sein muss. Sie müssen Ihre Ausrüstung entsprechend Ihren Vorstellungen verstauen. Sie werden auf diesem Themengebiet, aufgrund Ihrer gemachten Erfahrungen, schnell besser. Ich möchte Ihnen lediglich ein paar grundlegende Hinweise geben und eine Übersicht über mein Art des Verpackens. Nehmen Sie es als Anregung für sich selber und modifizieren Sie die Ideen so, dass Sie ideal damit zu Recht kommen. Im Folgenden einige Grundlagen:
1. Wichtige Dinge müssen schnell erreichbar sein. Dazu zählt insbesondere Regenkleidung.
2. Die schweren Gepäckstücke müssen unten und nah am Rücken verstaut werden.
3. Nässeempfindliche Ausrüstung nicht direkt am Rand des Rucksackes verstauen.

4. Achten Sie darauf, dass der Rucksack beim bepacken seine Grundform behält. Das Gleichgewicht ist auf eine gleichmäßige Verteilung des Gewichtes angewiesen. Stark verformte Rucksäcke implizieren ungleiche Lastverteilung.
5. Riemen und Verschlüsse sollten nur mäßiger Spannung ausgesetzt sein. Zu starke Belastung sorgt für schnellen Verschleiß.
6. Wasser und andere Flüssigkeiten immer außen oder unten im Rucksack verstauen. So ist gewährleistet, dass die Flüssigkeit beim Entweichen nur geringen Schaden macht.

Legen Sie zuerst alle Ausrüstung sortiert und erkennbar hin und prüfen Sie auf Vollzähligkeit. Sortieren Sie schon grob nach Verwendung und Wichtigkeit.
Zuerst einmal die Kleidung. Es hat sich bewährt diese nach Verwendung zu verstauen. Nehmen Sie alle Schlafsachen und stecken Sie diese in eine Tüte. In einer weiteren Tüte verstauen Sie alle wärmende Kleidung. Wechselsocken und gegebenenfalls Wechselunterwäsche verstauen Sie ebenfalls in einem separaten Beutel. Die Ersatzstandardkleidung gehört ebenfalls in eine Tüte. Übrig bleibt noch eine Jacke. Manche können zusammengerollt in die Kapuze gesteckt werden, andere werden einfach zusammengelegt. Verstauen Sie auch die Jacke noch in einer Tüte.
Jetzt müssen Sie Ihren gesamten Kleinkram sinnvoll unterbringen. Es bietet sich an diesen in 2 Kategorien zu teilen. Zum einen, was Sie öfter brauchen und zum anderen was Ersatz ist und tagsüber nicht benötigt wird. Verstauen Sie folgende Dinge etwas tiefer im Rucksack:
- Ersatzverschlüsse Rucksack
- Strick und Schnürsenkel
- Ersatzlampe
- Batterien
- Zahnbürste/Zahnpasta/Seife

- Nähzeug
- Tasse
- Feuerzeug
- Besteck
- Kochtopf
- Topfzange
- Tabletten
- Handy

Recht praktisch ist es, wenn Sie alles in den Topf stecken und diesen mit dem Deckel verschließen. Nehmen Sie Ihr Gewebeband und befestigen Sie so den Deckel. Alles in dem Topf ist erst wieder am Abend im Lager zugänglich und wird teilweise verwendet.

Dann gibt es kleine Dinge, welche Sie unterwegs schon einmal benötigen. Dazu zählt:
- Handschuhe
- Stirnlampe
- Skimaske
- Binden/Pflaster
- Wasseraufbereitung
- Klopapier
- Poncho
- Lektüre (Pflanzen, Tiere)
- Handtuch und Lappen (Außentasche)
- weiße Kappe

Diese Dinge verstauen Sie bitte im Deckel des Rucksackes. Meistens haben Sie dort 2 Staufächer. Von innen, wenn Sie dieses aufklappen und oben drauf, welches Sie im geschlossenen Zustand optimal erreichen. Das Innere ist in der Regel besser vor Nässe geschützt als das Äußere. Teilen Sie gegebenenfalls die aufgezählten Dinge noch einmal auf.

Und es gibt Ausrüstungsgegenstände, welche Sie mehrfach beim Wandern benötigen. Diese sollten direkt am Mann sein. Dazu gehören:
- Fotoapparat
- Kompass
- Karte
- Messer
- Netztragetaschen (Rucksack, aber gut erreichbar)

Weiterhin haben Sie Utensilien mit, welche nicht unbedingt im Rucksack verstaut werden sollten. Die Gründe hierfür sind: Nässe, Verschmutzung und Platzmangel. Diese Dinge können außen am Rucksack angebracht werden:

- Tarp: Sie nutzen es als großflächige Unterlage oder Regenschutz. Daher wird es schnell nass und verschmutzt sein. Bringen Sie es auf ein möglichst geringes Packmaß und verstauen Sie es außen am Rucksack. Ein Spanngurt ist dafür hilfreich.

- Trinksack/Wassersack: Der Trinksack sollte in einer Außentasche gelagert werden. Ihren Wassersack können Sie ebenfalls an einer Schlaufe befestigen und hängen lassen. In der Regel werden Sie ihn jeden Tag am Ende Ihrer Wanderung mit viel Wasser füllen. Idealerweise bereits auf dem Weg zum Lagerplatz. Da müssten Sie ihn sowieso zwangsläufig auspacken. Gefüllt können Sie ihn dann außen fixieren und gut transportieren.

- Zelt: Aus Platz- und Hygienegründen unbedingt außen anbringen. Es wird in jedem Fall nass und Sie werden es in nur seltenen Fällen trocknen können. Das ist auch nicht nötig, wenn Sie es zum Abend hin wieder aufstellen. Bringen Sie es im unteren Teil des Rucksacks an und achten Sie darauf, dass es nicht schwingt.

- Schuhe: Wenn Sie Wechselsandalen mitnehmen, dann befestigen Sie auch diese außen. So sparen Sie Platz.

Zuletzt haben Sie noch Einiges übrig, was im Rucksack verstaut werden will:
- Bushbox (evtl. Gaskocher und Patronen)
- Grillanzünder (vor Nässe schützen)
- Gewebeband (vor Nässe schützen)
- Schlafsack (ganz unten im Rucksack verstauen)
- Isomatte (kann auch außenbefestigt werden)
- Spanngurte
- Plastiktüten

Achten Sie beim Verstauen darauf, dass keine Hohlräume entstehen. Die Reißverschlüsse der seitlichen Öffnungen und Außentaschen müssen leichtgängig sein.
Ein Rucksack sollte idealerweise selbstständig stehen können und nicht kippen. Wenn er diesen Test besteht, dann ist die Gewichtsverteilung optimal. Versuchen Sie auch den rucksackeigenen Nässeschutz drüber zu ziehen. Er sollte so gepackt sein, dass Sie da keine Probleme haben.

4. physische Vorbereitung

Ein solcher Trip bedarf ein wenig körperlicher Vorbereitung. Ich selber bin eigentlich nicht der Fan von langatmigen Vorbereitungen und Umgewöhnungen für das Outdoorleben, aber ein wenig Einübung ist ganz sinnvoll. Bedenken Sie bitte, dass Sie sich aus einer gewohnten Umgebung herauslösen und Ihren Körper und Ihr Wesen, ganz anderen Umständen ausliefern. In meinem Buch „Tagebuch: allein in der Natur" habe ich detailliert die neuen Umstände, Belastungen und Eindrücke dargestellt. Es sind mehr Veränderungen als es Ihnen vorab bewusst ist. Egal ob für Ihre Psyche, Ihren Körper, Ihr Immunsystem, Ihre Gewohnheiten, Ihre Anforderung an Luxus oder andere Aspekte des Lebens. Alle Bereiche erfahren grundlegende Veränderungen.

Den eigentlich „Schock" erfahren Sie tatsächlich erst dann, wenn es so weit ist. Aber durch etwas Vorbereitung und Übung können Sie sich ansatzweise in den verschiedenen Fassetten des Lebens anpassen. Diese Vorbereitung habe ich in physische und psychische Vorbereitung gegliedert. Sie benötigen zum einen grundlegendes Wissen und zum anderen einen robusten und energetischen Körper. Die körperliche Vorbereitung teilt sich in die Bereiche Ernährung, Training und Belastungsgrenze.

4.1. Ernährung

Die Ernährung scheint zu Anfang die wohl größte Hürde zu sein. Die meisten Bedenken haben die Leute dahingehend, dass sie vermuten sie werden nicht satt, wissen nicht was sie essen sollen oder die Sorge um Keime und Parasiten. Was essbar ist beschreibe ich im Teil der psychischen Vorbereitung (Wissen). Hier eher nur ein paar grundlegende Informationen dazu. Im Grunde ist die anstehende Ernährung eine, nach klassischen Vorstellungen, gesunde Ernährung. Wenig Fleisch und viel pflanzliche Nahrung, fettarmes Fleisch, Tee aus frischen Pflanzen und enorm viele Ballaststoffe. Jetzt stellt sich Vielen eventuell die Frage warum man seinen Körper vorab daran gewöhnen muss. Wenn Sie sich gesund ernähren wird es der Körper mit Vitalität und Gesundheit belohnen. Vorsicht bei diesen Gedanken!
Fakt ist, dass Sie Ihre Ernährung im Grundansatz ändern. Nicht immer können Sie alles waschen. Die Nahrung kann nicht immer erwärmt werden. Sie müssen extrem viel kauen, was im Alltag oft zu kurz kommt. Schlucken Sie mal Gras runter ohne dieses vorher wenigstens 1 Minute kraftvoll zu zerkauen. Sie essen den

ganzen Tag konstant und keine festen Mahlzeiten. Gerade tierische Nahrung sieht nicht so appetitlich aus wie ein Steak in der Pfanne. Kurz gesagt: Die neue Ernährung ist in vieler Hinsicht ganz anders. Zumindest beim klassischen Bürger. Derartige Veränderungen verträgt jeder Mensch anders. Der eine gut und der andere eben weniger gut. So kann es durchaus sein, dass Sie, trotz der gesunden Ernährung, Probleme mit der Verdauung bekommen. Dies kann ungeahnte Folgen haben, wenn Sie Ihren Körper von jetzt auf gleich komplett damit „schocken". Hinzu kommt, dass Sie in der Natur noch anderen Dingen ausgesetzt sind. Weniger Schlaf, der Witterung ausgesetzt, täglich intensive Belastung, Einsamkeit und Ungewissheit über die folgende Zeit. Diese zusätzlichen Indikatoren können Sie unter Umständen auch schwächen, was für eine überforderte Verdauung noch problematischer ist.

Es ist daher nötig, dass Sie Ihren Körper vorher mit der Nahrung konfrontieren. Er muss damit umgehen können. Glaube Sie mir wenn ich sage, dass es in der Wildnis andere belastendere Einflüsse gibt, welche Sie mehr als die Ernährung beeinflussen. Aus diesem Grund schon sollte die Nahrungsaufnahme funktionieren.

Die Vorbereitung im Bereich Ernährung ist denkbar einfach. Beginnen Sie ungefähr 6 Wochen vor Ihrer Tour mit dem Essen aus der Natur. Für die ersten 3 Wochen reicht 1 Tag in der Woche aus, an welchem Sie sich komplett(!) aus der Natur ernähren. Gehen Sie früh oder am Abend zuvor durch einen nahe gelegenen Wald und sammeln Sie die entsprechenden Pflanzen. Wenn Ihr Gebiet viel höher als das Zielgebirge frequentiert ist, dann waschen Sie die Pflanzen ruhig mit kaltem Wasser ab. Aber kochen Sie nichts davon. Ihr Körper muss mit rohen Waldpflanzen umgehen lernen. Schließlich nehmen Sie den Großteil Ihrer Pflanzen im Urlaub auch unzubereitet auf. Weiterhin sollten Sie zumindest 2mal jeweils 2 Tage am Stück ausschließlich die Nahrung aus der Natur verzehren. Beobachten

Sie wie Ihr Körper dies verträgt. Funktioniert die Verdauung? Fühlen Sie sich wohl? Mal abgesehen vom Hungergefühl sollten Sie leistungsfähig sein. Lassen Sie sich übrigens nicht vom Hunger irritieren. In der Natur wird dieser Sie nicht so quälen. Der Hunger im Alltag entsteht meistens durch das Wissen, dass auch andere Nahrung verfügbar ist. Diesen Umstand haben Sie in der Natur nicht, daher lässt Sie auch Ihr Hunger in Ruhe.
In der Woche vor Ihrem Start sollten Sie normal essen. Es wäre unnötig dort noch einen oder zwei Gewöhnungstage einzusetzen. Trinken Sie an solchen Tagen natürlich auch nur Wasser!
Außerdem gilt es die Ekelgrenze zu überwinden. Viele Menschen haben schon ein Problem damit ungewaschene Pflanzen zu essen. Ich möchte an dieser Stelle betonen, dass durchaus auch ein Risiko beim Verzehr von ungewaschenen Wildpflanzen besteht! Aber daran kommen Sie im Outdoorurlaub nur schwer vorbei. Bestenfalls schaffen Sie es in kalten Gebirgsbächen Ihre Nahrung abzuspülen. Hier wiederum können Sie nicht sicher sein ob das Wasser wirklich sauber ist oder weiter oben im Fluss Ausscheidungen von Tieren liegen. Ein Restrisiko bleibt daher immer. Ein Körper sollte sich jedoch auch gegen diverse Keime und Einflüsse verteidigen können. Auch eine derartige Abhärtung eignen Sie sich in der Natur an. Ich kann Ihnen nur versichern, dass Ich noch nie irgendwelche Vergiftungen aus der Natur bekommen habe. Wir sollten einfach nicht zu ängstlich damit umgehen, denn schließlich sind wir auch nix weiter als Produkte eben dieser Natur.
Eine andere Ekelgrenze bezieht sich auf den Verzehr von Tieren. Wenn Sie Insekten oder andere Tiere zubereiten, mag es vielleicht noch gehen. Aber der rohe Verzehr erfordert Überwindung. Genau dies sollten Sie vorab jedoch tun. Auch wenn ich selber kaum Insekten als Nahrungsquelle genutzt habe, so gehörte es immer zur Vorbereitung mal eine Raupe oder Heuschrecke zu fangen und zu essen. Tun Sie das einfach! Sie werden merken, dass es geht. Achten Sie bitte auf die

Verträglichkeit. Idealerweise sollten Insekten immer abgekocht werden. Aber beim Rad fahren verschlucken Sie auch schon mal eine Fliege und daran ist noch keiner gestorben. Also legen Sie diese Hemmungen ab.

4.2. Training

Wenn Sie den Entschluss zu einem solchen Abenteuer fassen, dann geschieht dies in der Regel einige Monate zuvor. Zumindest wäre dies ideal, da Sie so einen großen Zeitraum zur Vorbereitung haben. Ein wichtiger Aspekt ist der körperliche Zustand und die Kraft, welche Sie für Ihr Abenteuer zur Verfügung haben. Wer an dieser Stelle einen Trainingsplan erwartet hat, den muss ich enttäuschen. Ich könnte zwar einige Grundübungen für körperliche Fitness und Koordination aufführen und daraufhin einen Plan zusammenstellen, jedoch halte ich davon nicht so viel.
Eine gewisse Grundfitness sollten Sie einfach aufweisen. Es spielt dabei keine Rolle ob Sie ins Fitnessstudio gehen, viel Rad fahren, klettern gehen, regelmäßig schwimmen oder viel laufen. Regelmäßiger Sport versetzt Ihren Körper in einen leistungsfähigeren Zustand. Gesetzt dem Fall, dass Sie sportlich tatsächlich vollkommen unbelastet sind, dann erst einmal großen Respekt davor, dass Sie dennoch eine solche Tour in Erwägung ziehen. In diesem Fall empfehle ich dringend die persönliche Betreuung im Sportcenter, damit Sie bis zum Urlaub das Optimum heraus holen. Auf diese Weise können Sie ganzheitlich trainieren und bei gezielten Reizen bereits nach wenigen Monaten merkliche und eindrucksvolle Fortschritte erzielen.
Grundsätzlich kann man ein vorbereitendes Training in 2 Bereiche unterteilen. Zum einen der allgemeine körperliche Zustand im Bereich: Kraft, Ausdauer und Fitness. Zum anderen der belastungsspezifische Zustand Ihres Körpers.

Ein guter allgemeiner Zustand sollte Voraussetzung sein. Ist dies nicht der Fall, dann habe ich Ihnen bereits den unbedingt nötigen Hinweis gegeben. Ein gezieltes Training! Es ist schwer einen Maßstab zu deklarieren, an welchem der allgemeine Zustand ausreichend ist. Nach meiner Meinung gibt es einen solchen Maßstab auch nicht wirklich. Wenn Sie sich sportlich und vital fühlen, dann ist Ihr Zustand auch gut. Sie werden so oder so an Ihre Grenzen stoßen, egal wie fit Sie sind. Es kann eben nur früher oder später passieren.

Anders ist das beim belastungsspezifischen Zustand. Stellen Sie sich dazu einen sehr guten Läufer vor. Er rennt die 5000m in etwa 20 Minuten und wirkt danach noch recht munter. Lassen Sie diesen Läufer einmal einen mittelschweren Klettersteig bewältigen. Er wird bei einem mittelschweren Steig mit 60 - 100 Höhenmetern ziemlich fertig sein. Seine Zeit ist dann eher schlecht bis durchschnittlich, gemessen an erfahreneren Sportkletterern. Der Grund ist sehr einfach. Er ist es nicht gewohnt. Er hat sicherlich eine ausgezeichnete allgemeine Fitness. Aber da er nie klettern war, kann er nur schlecht abschneiden. Aber(!), und das ist das Wichtige, wenn er mehrmals klettern geht, dann wird er schnell gut werden und ebenfalls tolle Zeiten hinlegen. Sein belastungsspezifischer Zustand passt sich schnell an. Trainierte Menschen müssen bei neuen Belastungen nur die Motorik lernen. Die Motorik, also die sensorischen Fähigkeiten des Körpers, entwickelt sich ziemlich schnell. Da eine gute Fitness vorhanden ist, verbessern sich die Zeiten auch rasant.

Was bedeutet dies für Sie? Es ist unbedingt nötig, dass Sie zur Vorbereitung mehrfach unwegsames Gelände bewältigen. Wandern Sie auf steinigem Weg, auf rutschigem Boden und koordinativ anspruchsvollen Etappen. Je besser Ihre Motorik damit zu Recht kommt, desto weniger anstrengend ist das Wandern für Sie im Urlaub. Einmal pro Woche sollte es Ihr Ziel sein Ihre motorischen Fähigkeiten zu fördern. Das ist wichtiger

als die allgemeine Fitness!!! Die Verletzungsgefahr sinkt drastisch, da Ihre Reflexe, sowie die Stabilität der Gelenke, viel besser werden. Die Konzentration entwickelt sich ebenfalls enorm schnell. Und, was sehr wichtig ist, Sie entwickeln ein Gefühl für das zu begehende Gelände. Es ist wichtig, dass Sie Wege gut einschätzen können. Gerade mit der Last auf dem Rücken sind Sie ganz anders in Ihrer Beweglichkeit. Sie rutschen anders und schneller weg. Ihr Gleichgewicht ist schwieriger zu halten und Ihr ganzer Körper bewegt sich anders. Allein Ihre Grundhaltung ist eine andere mit dem Gewicht auf den Rücken, da Ihr körperlicher Schwerpunkt verlagert ist. Für mehrtägige Wanderungen, welche Sie auch auf anderen Ebenen an Ihre Grenzen bringen, ist eine gute Motorik sehr viel Wert.
Es versteht sich von selbst, dass Sie Ihre Wanderübungen mit einem vollgepackten Rucksack durchführen. Es ist ein immenser Unterschied ob Sie mit 10kg auf dem Rücken oder 20-25kg wandern. Packen Sie Ihren Rucksack so, wie Sie es im Urlaub planen. Arbeiten Sie dann mit Ihrer Ausrüstung, um auch vorab eventuelle Verpackungsmängel zu erkennen. Übernachten Sie ab und an in der Wildnis um auch hier das Handling zu trainieren. Dazu aber später mehr.
Und sehr wichtig ist: „Ziehen Sie das durch!". Der Rucksack wird Ihnen anfangs derart schwer vorkommen, dass Sie es für unmöglich erachten damit länger unterwegs zu sein und vielleicht sogar noch mehrere hundert Höhenmeter zu überwinden. Die Erfahrung lehrt uns, dass nach spätestens drei Tagen das Tragen wesentlich einfacher wird. Schlicht und einfach deswegen, weil Sie sich dran gewöhnt haben. Also brauchen Sie nur Ihren Körper daran zu gewöhnen und Sie werden das bewältigen.
Versuchen Sie konsequent zu sein und bereits vorab Chancen auf Wandern zu nutzen. Ihre Tour werden Sie so leichter bewältigen können. Nehmen Sie Ihren Rucksack steht's mit und gehen Sie auch, oder gerade, bei schlechtem Wetter. Sie werden auf Ihrem Outdoortrip garantiert einige Male im Regen unterwegs sein. Es

ist kein Nachteil wenn man dies schon gewohnt ist und sich nicht bei jedem Tropfen verkriecht.

4.3. Belastbarkeit

Neben der körperlichen Belastung, welche Sie teilweise durch allgemeine Fitness und motorische Fähigkeit abfangen können, gibt es die Belastungen aus der Umwelt. Diese wirken sich auf 2 Ebenen aus. Einmal die physische und einmal die psychische Ebene. Egal um welche Leistungen es sich handelt. Sei es ein Klettervorhaben, ein läuferisches Ziel, eine anspruchsvolle Wanderung oder was auch immer. Einen ganz erheblichen Einfluss hat Ihre Motivation und somit Ihre psychische Robustheit. Die Belastbarkeit des Individuums ist immer eine Kombination aus beiden Bereichen. Viele Menschen neigen zur zu schnellen Kapitulation vor Herausforderungen. Sei es aus übermäßiger Vorsicht oder mangelnder Erfahrung die eigenen Grenzen zu überschreiten.

Während Ihrer Tour werden Sie sicherlich einigen unbekannten Extremsituationen ausgesetzt. Diese können ganz unterschiedlicher Natur sein. Sie sind in unwegsamen Gelände und es fängt extrem an mit regnen. Vielleicht sind Sie sogar oberhalb der Baumgrenze auf einem großen Geröllfeld und das Wetter schlägt um. Eine starke Nebelwand zieht auf und Sie können nur noch wenige Meter schauen. Ein Temperatursturz setzt ein und Sie waren vorher schon nass. Die Sonne scheint extrem und Ihr Wasser geht an der ungünstigsten Stelle zur Neige. Sie verirren sich am frühen Abend und sind in einem Gebiet wo Sie kaum einen annehmbaren Lagerplatz finden. Es gibt unzählige Möglichkeiten. Wichtig ist Folgendes: Solche Situationen, teilweise Notsituationen, sind nicht planbar. Man will diese als Akteur vermeiden. Jedoch ist es kaum möglich jeder Eventualität vorzugbeugen. Dafür müssten Sie in ein Hotel und mit einem erfahrenen Wander- oder Bergführer in die Natur gehen. Das ist jedoch absolut nicht das Ziel. Gerade die höhere Wahrscheinlichkeit dieser Möglichkeiten macht eine solche Tour reizvoll. Denn Sie alleine sind dann jene Person, welche das alles gemeistert hat. Und auch darum geht es.

In vielen Ratgebern erfährt man tolle Tipps wie man sich in diversen Situationen verhält. Ein Hinweis findet sich immer: „Ruhe bewahren!". Der wichtigste und mit Abstand schwerste Part. Tatsache ist Folgendes: Die Fähigkeit Ruhe zu bewahren erlernen Sie nur durch Erfahrung. Ich beispielsweise bin Fan von Klettersteigen. Auch schwerere Steige begehe ich nachts mit Stirnlampe, im Regen oder auch bei Schnee. Warum? Wenn ich mal einen hochalpinen Steig über viele Stunden mache, dann kann das Wetter umschlagen. Es kann im schlimmsten Fall beginnen zu schneien oder hageln. Wie bewahre ich bestmöglich Ruhe? Wenn ich es schon einmal erlebt habe. Auch wenn ich die Steige zur Übung bewusst(!) bei schlechten Umständen absolviert habe, so kenne ich dies dann schon. Es ist kein Neuland. Neuland ist dann nur, dass die Notsituation überraschend kommt. Das kennen einer Situation ist ein entscheidender Vorteil. Kommen wir nun zu den Vorbereitungen der Belastbarkeit für Ihre Abenteuertour.

Im Grunde ist es einfach. Der Wetterbericht sagt Regen und Sturmböen für das Wochenende voraus. Sie haben dieses Wochenende nichts weiter vor? Dann schnappen Sie sich Ihre Ausrüstung und gehen eine Nacht in die Natur. Ideal ist ein derartiger Aufenthalt im Winter. Wenn Sie es schaffen sich bei Schnee und Kälte warm zu halten und Ihr Lager zur organisieren, die Bushbox zu entflammen und eventuell sogar teilweise die Sachen zu trocknen, dann wird Sie ein starker Regenguss im Urlaub kaum aus der Bahn werfen. Sie sagen sich: „Ach naja, das hattest du schon!". Und das ist ein enormer Motivationsschub.

Wenn Sie auf Ihrer Tour einmal einen Fehler mit der Kleidung machen und aus irgendwelchen Gründen nachts frieren, dann erweckt die Angst krank zu werden. Haben Sie aber mal die

Erfahrung gemacht, dass Sie das nicht gleich aus der Bahn wirft, dann kommt die Angst nicht. Und oft sind Erkrankungen einer schwachen Psyche geschuldet, einer Psyche die übertrieben penibel auf jegliches Unwohlsein reagiert. Hypochonder sind beispielsweise extrem oft krank. Diesem Mechanismus wirken Sie entgegen, indem Sie vorab die Erfahrung machen, dass Ihr Körper sich ganz gut gegen Erkrankungen schützen kann, wenn Sie daran glauben.

Ich denke Sie verstehen, worauf ich hinaus will. In der Regel lösen wir unbekannte Probleme zu Beginn eher umständlich oder sogar gar nicht. Sobald wir aber etwas schon einmal erlebt haben verbessert sich unser Umgang mit den Situationen enorm. Daher setzen Sie sich vorab schlechten Bedingungen aus. Sie werden dabei lernen, Selbstbewusstsein tanken und auch Ihren Körper abhärten.

5.   psychische Vorbereitung

Auf einige Dinge der psychischen Vorbereitung bin ich bereits im vorigen Kapitel eingegangen. So ganz trennen kann man diese beiden Bereiche auch nicht. Bevor ich dieses Thema hier noch einmal vertiefe möchte ich Ihnen etwas ganz deutlich mitteilen: Der Erfolg Ihrer Tour steht und fällt in Ihrem Kopf! Sie denken Sie werden krank? - also werden Sie krank. Sie denken das Essen war unbekömmlich? – also wird Ihnen schlecht. Sie denken der Aufstieg liegt über Ihren Fähigkeiten? – also werden Sie schon in der Mitte vollkommen erschöpft sein. Dieser Part Ihrer Persönlichkeit ist ausgesprochen interessant und Sie erfahren dies auch am eigenen Leib. Ich empfehle Ihnen hierzu noch einmal mein Buch: „Tagebuch: allein in der Natur." Es ist ganz sinnvoll zu erfahren wie sich Ihre Psyche binnen Sekunden verändert und welche Einflüsse dazu führen. Ich möchte diesen Punkt hier nicht weiter ausführen, da Sie dem Tagebuch das alles viel detaillierter entnehmen können. Wichtig ist die Gewissheit einer guten Vorbereitung. Ist diese Gewissheit da, dann ist sogar eine schlechte Vorbereitung gut ☺.

5.1. Ernährung

Es ist ein Fakt, dass Sie Ihre Ernährung ganz anders gestalten. Wie Sie sich körperlich daran gewöhnen, das haben wir bereits erörtert. Darum nur ein paar wenige Worte an dieser Stelle zur Anpassung. Die Heranführung hat nicht nur körperliche, sondern auch psychische Effekte. Durch Übung vorab werden Sie erkennen, dass Sie sich ausreichend versorgen können. Die Gewissheit, dass Ihr Körper mit der Nahrung umgehen kann gibt Sicherheit. Also hier noch einmal die Betonung: Beginnen Sie einige Wochen vorher bereits einen oder mehrere Tage ausschließlich Nahrung aus der Natur zu beziehen. Verzichten Sie auf Luxusfrüchte wie Erdbeeren etc. Ein Erdbeerfeld werden Sie im Urlaub nämlich auch nicht finden.

Daher bleibt an dieser Stelle nur noch ein informativer Überblick auf welche Pflanzen Sie zurückgreifen können. Ich gebe Ihnen jetzt eine Übersicht über Pflanzen, welche leicht erkennbar und absolut ausreichend für eine Outdoornahrungsquelle sind.

1. Löwenzahn: Löwenzahn ist komplett essbar. Nutzen Sie auch die Blüte. Er ist mit 8-10g Kohlenhydraten auf 100g ein sehr ergiebiger Energielieferant. Nutzen Sie diesen immer wenn Sie ihn sehen. Hier lohnt es sich auch welchen als Vorrat mitzunehmen.

2. Brennnessel: Sie ist komplett essbar. Rollen Sie die Blätter zusammen, damit Sie sich im Mund nicht von den Haaren reizen lassen. Das pflanzliche Öl ist ein guter Energielieferant und allgemein ist sie sehr gesund.

3. Klee: Klee können Sie bedenkenlos essen. Er hat einen tollen Geschmack. Von den Nährwerten her ist er eher durchschnittlich.

4. Tannen: Essen Sie den Neuwuchs von Tannen (hellgrüne Spitzen). Er ist saftig, schmeckt gut und füllt den Magen. Da in Gebirgswäldern sehr viele Tannen stehen finden Sie davon eine große Menge. Einzig und allein die Eibe müssen Sie meiden. Sie ist giftig!
5. Gänseblumen: Der Energiewert ist auch durch Fett vergleichbar gut und der Geschmack auch in Ordnung. Blüten zu essen ist am Anfang etwas gewöhnungsbedürftig. Aber keine Sorge, alles daran ist verträglich.
6. Laubbäume: Bis auf die Eiche sind diese alle genießbar. Allerdings habe ich kaum darauf zurückgegriffen, da der Geschmack nicht so besonders ist. Jedoch ist es eine sichere Nahrungsquelle.
7. Heidelbeeren: Die Frucht sollte jeder kennen. Allerdings können Sie auch die Blätter und Stiele verzehren. Hier empfiehlt sich eine Suppe. Werfen Sie Blätter und Stiele ins kochende Wasser und lassen Sie diese für 5 Minuten drinnen. So sind sie viel leichter essbar und sättigen hervorragend.
8. Gras: Dies werden Sie wohl am meisten finden. Allerdings sollten Sie aufpassen. Es ist recht schwer verdaulich. Auch hier empfiehlt sich wie beim Heidelbeerkraut die Erwärmung. Ansonsten ist auch eine gute Methode, es durchzukauen und den Rest der Fasern auszuspucken. Langes Kauen presst den Pflanzensaft und somit die Kohlenhydrate, Vitamine und Mineralien heraus. Idealerweise kauen Sie nebenbei immer etwas Gras. Teilweise können Sie es auch herunterschlucken um etwas im Magen zu haben. Wichtig ist, dass Sie vor dem Schlucken richtig kauen, damit keine sperrigen Grasfasern im Hals stecken bleiben.
9. Eiweißlieferant Gras: Es gibt Gras, welches auf feuchtem Boden gut wächst. Es ist dicker und dunkelgrün. Wenn Sie dieses vorsichtig herausziehen, werden Sie sehen, dass der untere Teil des Stieles weiß ist. Diesen weißen Bereich können Sie komplett essen. Er enthält Eiweiß. Die Fasern können Sie mitessen oder

ausspucken, je nachdem wie fest diese sind. Ich habe mich abends am Lager oft auf die Suche danach gemacht und 30-50 solcher Stiele gegessen. Es macht satt und schmeckt gut. Auch normales Wiesengras weist diesen weißen Bereich auf. Jedoch ist es da viel weniger ergiebig. Je feuchter der Boden desto ergiebiger das Gras.

10. weiße Taubnessel: Optisch der Brennnessel ähnlich nur mit weißen Blüten dran. Sehr lecker und auch viel leichter verträglich für die Haut.

Diese kleine Übersicht an Pflanzen soll Ihnen eine grobe Orientierung geben. Ich habe das Buch nicht mit Bildern versehen, da diese Pflanzen allgemein bekannt sind. Natürlich ist es hilfreich, wenn Sie ein Buch über Pflanzen durcharbeiten. Aber machen Sie es sich nicht zu umständlich. In Wäldern gibt es in der Regel 3 oder 4 Pflanzenarten die großflächig vertreten sind. Wissen über speziellere Pflanzen ist zwar ganz gut, aber Sie werden dadurch nur wenig mehr an Nahrung haben. Eben weil diese speziellen Pflanzen selten zu finden sind. Seien Sie sicher in der Erkennung jener Pflanzen, welche primär den Boden schmücken. Das sind Gras, Löwenzahn, Heidelbeerkraut, Klee, Brennnesseln und Tannenbäume. Damit können Sie sich ausreichend versorgen.

Als Lektüre sinnvoll ist ein Buch über die heimischen Pflanzen des Zielgebietes. Da können Sie vielleicht noch den einen oder anderen interessanten Tipp bekommen.

Essen Sie keine Pflanze, welche Sie nicht kennen! Es gibt sehr viele Giftpflanzen, welche Ihnen schweren Schaden zufügen können.

Eine weitere Nahrungsquelle ist natürlich Fleisch. Auch hier möchte ich Ihnen nur Wissen vermitteln, welches Sie auch brauchen. Vergessen Sie Fallenbau und das Jagen von größerem Wild. Es bedarf unheimlich viel Glück, wenn Sie ein größeres

Tier fangen sollten. Das ist so unwahrscheinlich, dass Sie sich über dessen Zubereitung kaum Gedanken machen müssen. Das wäre verlorene Zeit. Einen extra Ratgeber über essbare Insekten empfehle ich Ihnen. In diesem Buch kann ich aus thematischen Gründen nicht alle Arten von Insekten detailliert beschreiben. Es werden Ihnen jedoch viele verschiedene Insekten begegnen. Wenn Sie mit dem Gedanken spielen diese zu essen, dann ist ein Ratgeber sinnvoll. Hier möchte ich Ihnen nur die wichtigsten tierischen Quellen vorstellen:

1. Schnecken: Unsere mitteleuropäischen Gebirge sind voll von Gehäuseschnecken. Weinbergschnecken, sowie kleine Vertreter, sind allesamt essbar. Beachten Sie bitte die lokalen Gesetze zum Artenschutz. Man kann schwer eine Regel definieren wann Sie wo Schnecken finden. Es gibt Feuchtgebiete wo es vor Schnecken wimmelt. Dann sind 100m weiter in einem ähnlich feuchten Gebieten keine zu finden. Ich kann Ihnen nur sagen: beobachten Sie Ihre Umgebung. Im Schnitt habe ich auf meinen Touren aller 2 Tage reichlich Schnecken essen können. Mit der Zeit entwickeln Sie ein Auge dafür. Ein wichtiger Hinweis: Wo eine Schnecke sitzt, da finden Sie in der Regel viele davon. Lassen Sie sich Zeit und schauen Sie gründlich. Nicht selten entdeckt man 10 oder 20 Exemplare an einer Stelle, an welcher man paar Sekunden vorher nix sah. Sie sind gut getarnt.

Werfen Sie die Schnecken in kochendes Wasser. Lassen Sie sie ca. 5 Minuten kochen. Danach nehmen Sie sie heraus und entfernen das Gehäuse. Mit einem spitzen Gegenstand lassen sich die Schnecken leicht aus dem Gehäuse ziehen. Bei größeren Schnecken schneiden Sie jetzt die Innereien (dunkler Teil, welcher im Haus versteckt ist) ab. Danach kochen Sie das Fleisch nochmal 6-10 Minuten. Jetzt können Sie bequem genießen. Da es gerade bei kleinen Schnecken mühsam ist diese aus dem Haus zu entfernen gebe ich Ihnen einen Rat. Lassen Sie die Schnecken aus dem Haus kommen, bevor Sie sie kochen. Auf ein nasses Blatt setzen und schon kriechen Sie los. Werfen Sie das Tier nun direkt ins Wasser. Da ein Teil des Körpers raus schaut können Sie ihn auch besser aus dem Haus ziehen. Es hilft ungemein wenn Sie 40 oder 50 Schnecken so zubereiten müssen. Ich muss gestehen, dass Schnecken auch mein Hauptnahrungsmittel gewesen sind. Sie sind ergiebig, leicht zu fangen und schmackhaft.

2. *Regenwürmer:* Nicht so lecker aber etwas Eiweiß liefern Sie auch. Große Exemplare würde ich nicht nehmen, da Sie zu viel an Erde in sich haben. Das schmeckt einfach überhaupt nicht. Kleinere Würmer können Sie jedoch nutzen. Kochen Sie sie einmal richtig durch und dann sind diese auch keimfrei.

3. *Insekten:* Allgemein sind Insekten nahrhaft aber ungemein aufwändig zu besorgen. Es gibt unterschiedliche Meinungen dazu. Meine persönliche Haltung hierbei ist folgende: Insekten wären gut, aber nicht lohnend. Eine ganze Mahlzeit aus Insekten bekommt man schwer zusammen. Eine Heuschrecke fangen ist schon nicht so leicht. Eine wiegt vielleicht 3 oder 4 Gramm. Also sind viele davon nötig, damit man merklich was davon hat. Ich habe es anfangs versucht, aber schnell erkannt, dass sich Aufwand und Nutzen nicht lohnen, zumindest für mich. Kleine Raupen, welche auf nicht giftigen (!) Blättern sitzen, können roh gegessen werden, wenn Sie keine Haare haben. In 14 Tagen fand ich vielleicht 5 davon.

Dieses Wissen über ein paar Tiere und Pflanzen ist ein sehr kleiner Auszug aus den Möglichkeiten der Natur. Es gibt sehr viel mehr Quellen im pflanzlichen und tierischen Bereich. Bedenken Sie aber, dass dies kein Sachbuch über diese Ernährung ist. Ich habe Ihnen nur das, aus meiner Sicht, praktischste mitgeteilt. Ich lege Ihnen nahe mit anderer Lektüre Ihr Wissen zu vertiefen. Aber, versteifen Sie sich nicht zu sehr auf die Nahrung. Anfangs habe ich bereits erwähnt, was Sie alles für Aufgaben haben. Daher ist ein Grundlagenwissen in allen Bereichen wichtiger, als ein tiefgreifendes Wissen in wenigen Bereichen.

5.2. Orientierung/Organisation

Sehr wichtig ist Ihre Fähigkeit sich zu orientieren. Dabei ist nicht nur wichtig, dass Sie die Richtung und die Entfernung zum Ziel kennen. Dies ist auch aufgrund von Beschilderung (je nach Region) und entsprechenden Entfernungsangaben (welche in der Regel als Wanderzeit dargestellt werden) das kleinere Problem. Sie haben Ihre Karte und Norden diese ein. Dazu nehmen Sie Ihren Kompass zur Hilfe. Breiten Sie die Karte aus und legen Sie den Kompass darauf. Die Himmelsrichtung ist auf jeder Karte abgebildet. Lassen Sie das Norden der Karte nach Norden zeigen und fertig. Es gibt zur Bestimmung der Himmelsrichtung auch andere Techniken ohne Kompass, welche ich hier nicht weiter ausführen will, da ein Kompass unbedingt mitgeführt werden sollte.
Zur Orientierung gehört jedoch weit mehr. Sie sollten sich beispielsweise aneignen, Ihren Standort in regelmäßigen und kurzen Abständen auf der Karte zu verfolgen. Verlassen Sie sich nicht auf Ihr Gefühl was Entfernungen angeht. Aufgrund des Geländes und der Höhenunterschiede geht man schnell von einer anderen zurückgelegten Wegstrecke aus. Etwas verlässlich ist das Zählen der Schrittzahl. Aber auch hier ist Vorsicht geboten. Die Schrittlänge verändert sich rasch mit einer Veränderung des körperlichen Zustandes. Kurze Strecken können damit jedoch gut abgeschätzt werden. Sehr sinnvoll ist dies, wenn Sie Ihr Lager für Nahrungs- oder Wassersuche verlassen. Es passiert schnell, dass man den Weg zurück nicht findet. Eventuelle wetterliche Erschwernisse können dies noch begünstigen. Stellen Sie sich vor Sie verlassen Ihr Zelt und gehen 50-70 Meter gerade herunter zum Weg. Diesem folgen Sie, da Sie einen Fluss suchen (vielleicht einen der auf der Karte verzeichnet ist). Sie gehen ein Stück und sind noch immer nicht da. Also laufen Sie noch einmal 5 Minuten weiter. Ohne Rucksack sind Sie wesentlich schneller unterwegs, was Ihnen dann nicht immer klar ist. Mit dem

gefüllten Wassersack laufen Sie nun den Weg zurück. Doch wo geht es wieder hoch? Irgendwie sieht alles gleich aus. Sie brauchen nur 50Meter zu früh in den Wald einbiegen und werden Ihr Zelt nicht finden. Was nun? Hätten Sie Ihre Schritte gezählt, welche Sie auf dem Weg zurück gelegt haben, dann sind Sie mit einem Spielraum von vielleicht +-10Metern an der richtigen Stelle. Das beruhigt und gibt einen Vorteil. Also immer sehr markante Stellen merken und Schritte zählen wenn Sie Ihre Ausrüstung zurück lassen, sonst kann es sehr gefährlich werden.

Weiterhin ist es nicht selten, dass ein eingezeichneter Weg nicht vorhanden ist. Entweder ist er tatsächlich weg oder aber verwachsen. Vielleicht wurde auch ein Schild zerstört. Gedanken wie:" Irgendwann geht ein Pfad rechts rein, den muss ich nehmen." sollten Sie verwerfen! Die Aufmerksamkeit lässt schnell nach und Wege sind manchmal schwer erkennbar. Auf einmal nehmen Sie eine Abbiegung, welche viel später kommt und ganz wo anders hinführt. Dem Weg eine halbe Stunde gefolgt, sind Sie schnell mal auf der falschen Seite einer Schlucht und so etwas deprimiert. Wenn Sie aber Ihren ungefähren Standort auf der Karte kennen, dann wissen Sie auch wo der Weg ungefähr abzweigt. Das ist sehr wichtig. Sicherlich geraten Sie beim Verlaufen nicht gleich in eine Notlage. Aber es kann unangenehme Folgen haben. Beispielsweise gibt Ihnen die Karte auch Aufschluss über potenzielle Schlafstellen. Anhand der Höhenlinien wissen Sie um das Gefälle des Geländes. Sind Sie in unbekanntem Gebiet, dann suchen Sie eher auf zufälligem Wege nach einer guten Stelle. Und im Gebirge kann dies sehr erfolglos ausgehen. Also üben Sie sich im Kartenlesen und in Konzentration mit der Karte zu arbeiten. Für Ihre Vorbereitung sollten Sie idealerweise den gleichen Maßstab wählen, welchen die Karte auf Ihrer Tour hat.
Ein weiterer Punkt ist die Organisation. Zu Hause ist alles relativ einfach. Schmutzwäsche kommt in den Wäschesack, Essen ist im

Kühlschrank, Ihr Heim steht und bedarf nur etwas Pflege und wenn etwas fehlt, dann fahren Sie einkaufen. Das alles haben Sie outdoor nicht. In meinem Tagebuch erhalten Sie einen detaillierten Eindruck meiner Organisation. Dies ist nicht repräsentativ für alle Survivalabenteuer und schon gar nicht für die verschiedenen Persönlichkeiten. Es gibt Ihnen jedoch eine gute Orientierung.

Es fängt damit an früh mehr Wasser zu kochen, damit Sie auch warmes Wasser für unterwegs haben. Die Aufbereitung Ihrer Sachen müssen Sie so organisieren, dass fast alles immer brauchbar ist. Gerade nach einem Unwetter benötigen Sie dafür feste Mechanismen. Sie können davon ausgehen, dass Sie als Neuling einiges sehr umständlich machen. Aber das geht schnell vorbei und Sie optimieren Ihre Techniken. Es bringt auch nichts diverse Abläufe von anderen zu übernehmen. Ihre Prioritäten orientieren sich schlussendlich an Ihrer Persönlichkeit und was für Sie wichtig ist. Sie sollten daher vorab in Ihren kurzen Übungseinheiten (ein oder zwei Tage) unbedingt die alltäglichen Abläufe analysieren. Diese kurzen Aufenthalte sind zwar nicht mit mehreren Wochen in der Natur vergleichbar, aber Sie geben einen kleinen Einblick. Wenn Sie es schaffen nach 2 Nächten alles im optimalen Zustand zu halten, dann sind Sie gut vorbereitet. Den Rest lernen Sie schnell bei Ihrer Tour.

Zur Organisation gehört auch Ihr körperlicher Zustand. Dieser lässt am schnellsten nach, wenn Sie grobe Fehler machen. Entwickeln Sie Standardvorgehen für Hygiene und Nahrungssuche. Solche standardisierten Abläufe geben auch ein Gefühl von Stabilität und Planung, was Ihnen sicherlich gerade anfangs fehlen wird. Versuchen Sie Tag für Tag Ihre Abläufe zu verbessern. Dafür hilft nur üben, üben und üben.

5.3. Selbstvertrauen

Ein Punkt noch zum Selbstvertrauen. Erfolge bringen Selbstvertrauen und Selbstvertrauen brauchen Sie. Es ist wichtig, dass Sie Ihrem Urteil trauen und Zuversicht in Ihre Fähigkeiten haben. Selbst wenn Sie Fehler machen, können diese Selbstvertrauen geben. Nämlich dann, wenn Sie diesen Fehler erfolgreich analysieren. Durch Fehler verbessern wir uns. Machen wir keine Fehler sind wir gut genug. Das bedeutet, dass Sie Fehler machen werden, denn für ein Outdoorleben ist man nie gut genug. Es gibt immer was zu verbessern. So müssen Sie auch an die Sache rangehen. Sie haben Schnecken gesammelt und sind dann auf den Beutel getreten? Alles ist matschig und voller Gehäusesplitter? Das passiert Ihnen sicherlich kein zweites Mal. Die Bushbox stand schief und der Topf mit Essen kippt um? Ab jetzt achten Sie mehr auf den Untergrund. Sie schliefen schlecht weil Sie den Lagerplatz falsch eingeschätzt haben? Der Nächste wird besser. Übung gibt Selbstvertrauen. Darum müssen Sie vorher bei der Vorbereitung einiges erleben und erfahren. Nur so werden Sie besser und Ihr Selbstvertrauen steigern. Ich muss es auch zu diesem Thema wieder betonen: Üben Sie vor Ihrer Tour!

5.4. Allein sein

Einer der wesentlichsten Punkte ist das alleine sein, wenn Sie Ihre Tour denn allein machen. Ich rate Ihnen unbedingt dazu, denn dies ist eine besondere Erfahrung. Nach wenigen Tagen werden Sie merken wie Sie darauf reagieren. Das ist etwas, was Sie vorher nicht üben konnten und was man sehr unterschätzt. Besonders fehlt das Austauschen über das Erlebte. Keiner der Ihnen sagt, wie gut etwas geklappt hat. Niemand der Ihnen mal etwas abnimmt, weil Sie so eine Belastung hinter sich haben. Keiner der Ihnen gut zuredet, wenn Sie erschöpft sind. Und keine Gespräche über irgendwelche Sachen.

Es gibt auch niemand, der eine Entscheidung bestätigt. Oft treffen wir im Alltag Entscheidungen und suchen Zuspruch dafür. Dieser bestätigt uns in unserer Wahl und diese Bestätigung gibt uns dann Zuversicht. Es ist interessant wenn diese Bestätigung nicht da ist. Wenn es keine Zweitmeinung über eine Wahl gibt. Damit müssen Sie umgehen lernen und mit den Konsequenzen Ihrer Entscheidung leben. Das kann man vorab nicht üben. Aber es hat Nachhaltigkeit für Ihr Selbstvertrauen bei Entscheidungen im alltäglichen Leben. Das ist ein ganz besonderer Bonus eines solchen Abenteuers.

Analysieren Sie Ihre Moral. Nach einigen Tagen werden Sie erfahren wie sprunghaft Ihre Psyche ist. In einem Moment sind Sie voller Tatendrang und Zuversicht und auf einmal antriebslos und unmotiviert. Vielleicht auch wütend auf sich, weil Sie gerade auch am Strand liegen könnten. Sie werden für sich Mechanismen entdecken, mit welchen Sie aus einem solchen Tief heraus kommen. Auch dies können Sie vorab nicht üben. Aber auch das hat eine wertvolle Nachhaltigkeit für Ihr Leben. Dem alleine sein müssen Sie sich aussetzen und abwarten was passiert. Es wird Sie allerding in jedem Fall positiv beeinflussen, zumindest was Ihre Zukunft angeht.

6. Wichtige Hinweise für die Vorbereitung

Wenn Sie alle Ratschläge bis hier her beherzigen, dann sind Sie gut vorbereitet. Eines muss Ihnen jedoch vorab klar sein. Die ganze Entfaltung und Wirkung Ihres Outdoorabenteuers können Sie in seiner Fülle ist dann erfahren, wenn es so weit ist. Das Zusammenwirken aller Umstände und der längere Zeitraum sorgen für eine einzigartige Konstellation von Umständen, welche Sie so vorab nicht erfahren können. Sie können nur die einzelnen Elemente der Aufgaben etwas trainieren, damit Ihre

Abläufe etwas optimiert sind. Konzentration, Selbstvertrauen, Selbstkenntnis und Ruhe ist wichtig, damit Sie Erfolg haben. Zum Abschluss möchte ich Ihnen noch einige grundlegende Hinweise für die Vorbereitung Ihrer Tour geben.

1. Entwickeln Sie ein eigenes System für das Packen Ihres Rucksackes, mit welchem Sie zu Recht kommen.
- Das bedeutet, dass Sie genau wissen müssen wo Sie was im Rucksack finden. Im Regen und Dunkeln müssen Sie Ihre Ausrüstung beherrschen. Der Inhalt im Rucksack muss gleichmäßig verteilt sein und Sie müssen ihn leicht schließen können.

2. Trainieren Sie die Organisation der Instandhaltung Ihrer Ausrüstung.
- Nässe, Beschädigungen und starke Verschmutzung müssen täglich nachbereinigt werden. Das ist das Erste was Sie in die Wege leiten müssen, wenn Sie Ihr Lager aufgeschlagen haben. Üben Sie ein ökonomisches Vorgehen dafür, damit Sie genügend Zeit für Nahrung, Körperpflege und psychische Entspannung haben.

3. Legen Sie spätestens an den ersten Tagen der Tour, besser noch in den Übungen vorher, einen Tagesablauf fest.
- Es ist sinnvoll seinen Tag in etwa zu strukturieren. Diese Planung gibt Ihnen Sicherheit, Stabilität und Zeit für die Organisation aller Aufgaben.

4. Gewöhnung an den Rucksack.
- Ideal wäre es, wenn Sie einige Male vor der Tour Ihren Rucksack auf einer Wanderung tragen. Sie werden dann besser damit voran kommen. Die Gewöhnung an diese Last beträgt ca. 3 Tage.

5. Informieren Sie sich über pflanzliche Nahrung.
- Pflanzen sind Ihre Hauptnahrungsquelle. Es ist also sinnvoll vorab ungefähr zu erkunden welche Pflanzen im Zielgebiet hauptsächlich vorkommen. Konzentrieren Sie sich dabei auf jene Gewächse, welche in größeren Mengen auftauchen. Seltene Pflanzen zu kennen bringt Ihnen nichts.

6. An Nahrung gewöhnen.
- Essen Sie mehrfach vorab über einen oder zwei Tage das, was Sie auch im Urlaub essen und beobachten Sie Ihren Körper. Es ist wichtig seine Verdauung zumindest etwas darauf vorzubereiten.

7. Üben Sie Lagerwahl und Zeltaufbau.
- Sie werden schnell erkennen wie schwer es ist eine gute Stelle zum zelten zu finden. Es hilft Ihnen Ihre Augen dafür vorher etwas zu trainieren, auch wenn es im Hochgebirge sowieso ganz anders ist. Routine gehört zum Zeltaufbau und ist unerlässlich. Sie sollten Ihr Zelt schnell errichten können, wenn möglich auch im Dunkeln.

8. Besorgen Sie gutes Kartenmaterial.
- Eine Landkarte ist unbedingt nötig. Entsprechend sollte der Maßstab bei maximal 1:30.000 sein. Die Karte muss wasserfest und robust sein.

9. Laufen Sie vorher Ihre Schuhe ein.
- Wenn Sie extra neue Wanderschuhe gekauft haben, dann laufen Sie diese vorab ein. Wenn Sie Blasen kriegen, dann kostet Sie dies Zeit, Nerven und Kraft. Wenn Sie bereits Schuhe haben prüfen Sie diese unbedingt auf Verschleiß.

Ich wünsche Ihnen viel Spaß und ganz besondere Erfahrungen auf Ihrer Tour. Als besonders wichtigen Hinweis möchte ich Ihnen unbedingt raten ein Tagebuch zu schreiben. Im Anschluss werden Sie so manche Situation vergessen haben, da Sie viele Eindrücke bekommen. Im Tagebuch können Sie Ihre Erfahrungen und Entwicklung ideal verfolgen. Gerade der Einfluss auf Ihre Persönlichkeit und die damit einhergehenden Veränderungen von Ansicht und Moral sind besonders Interessant. Sie werden staunen von welchen Extremen Ihre Psyche geprägt ist.

Lassen Sie sich keinesfalls von Misserfolgen aus der Bahn werfen. Glauben Sie an Ihre Fähigkeit zu bestehen und weiterzumachen. Sie werden oft Momente erleben, in welchen Sie lustlos und unmotiviert sind. Momente in denen die Undankbarkeit Ihrer Umwelt zermürbend ist. Es stärkt aber Ihre Persönlichkeit diese Momente zu überdauern. Ihr Anspruch passt sich erstaunlich schnell den Gegebenheiten an und Sie erfreuen sich an Dingen, welche Sie vorab nicht einmal wahrgenommen haben.

Außerdem sollten Sie Ihren Fotoapparat unbedingt griffbereit haben und oft einsetzen. Sparen Sie nicht an Batterien. Es wäre sehr schade, wenn Sie Ihr Abenteuer nicht auf Bildern festhalten können. Die Dokumentation dieses Trips ist für die Nachhaltigkeit sehr wichtig.

Alles Gute und viel Glück wünsche ich Ihnen. ☺